fol. Lf 8 8

1623

Bardin, P.

Le grand chambellan de France

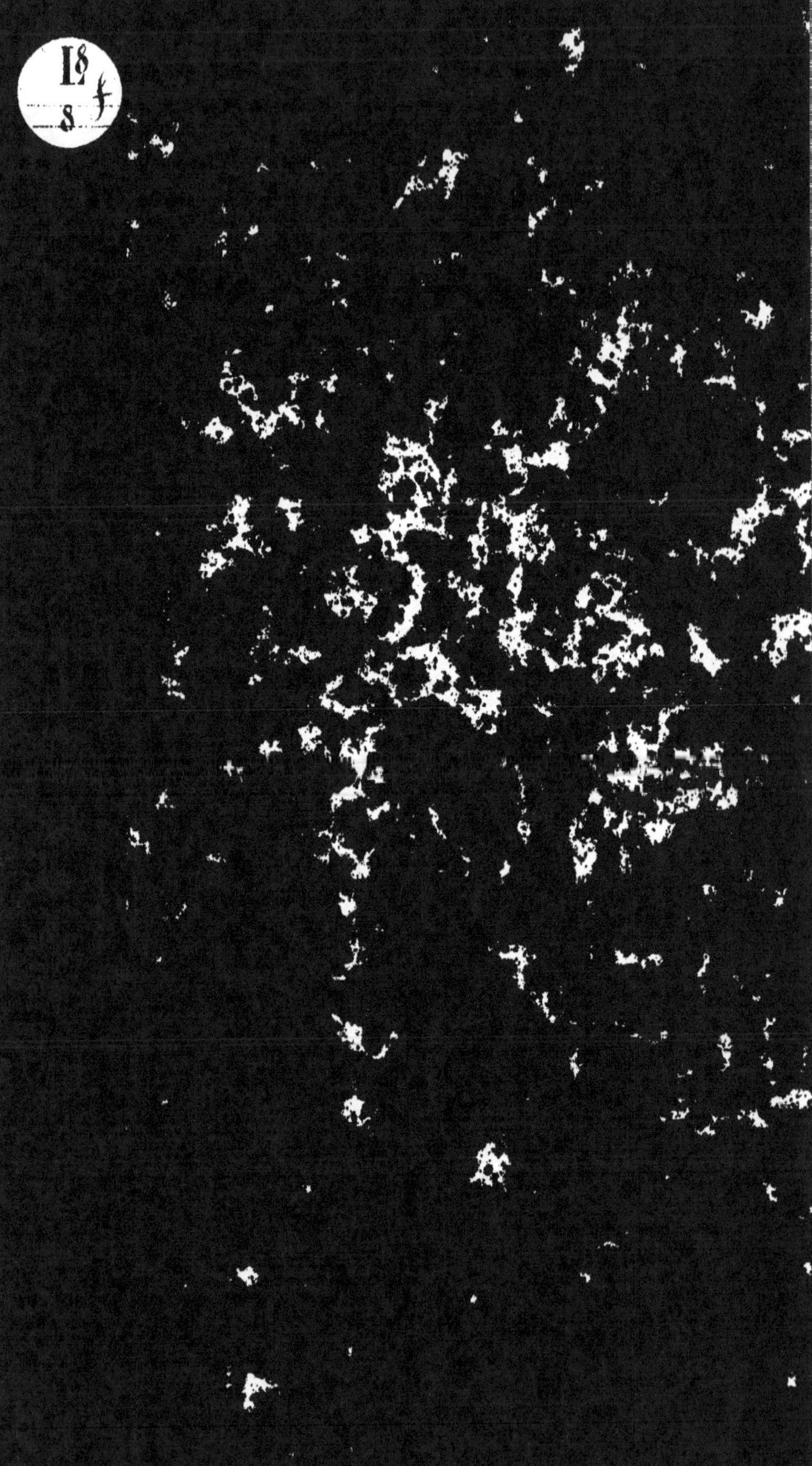

Lf 8.

LE GRAND
CHAMBELLAN
DE FRANCE.

LIVRE

OV IL EST AMPLEMENT TRAICTÉ
des honneurs, droicts, & pouuoirs, de cet Office,

ET OV SONT DEDVITES

PLVSIEVRS RARES ET REMARQVABLES
antiquités de la maison & couronne de France.

Par P. BARDIN.

A PARIS,

De l'Imprimerie de IACOB DV VAL, ruë Sainct Iean de Beauuais,
à l'Enseigne du Cheual volant.

M. DC. XXIII.

AVEC PRIVILEGE DV ROY.

A MONSEIGNEVR

LE DVC DE CHEVREVSE

PAIR ET GRAND CHAMBELLAN

DE FRANCE, GRAND FAVCONNIER,
Gouuerneur & Lieutenant general
pour le Roy en la haute & baſſe
Auuergne.

MONSEIGNEVR,

Si les hommes, ſans s'arreſter à la ſeule apparence, conſideroient de tout point les accidens que nous voyons arriuer iournellement; ils auroient plus de ſuiet d'admirer la ſecrete prouidence de celuy qui adminiſtre & preſcrit l'ordre de l'Vniuers, que non pas d'accuſer temerairement la Fortune, de ce qu'ils y eſtiment de ſiniſtre. Car il n'y a rien en quoy ils diſent plus de maux eſtre attachés qu'à la guerre, & qui leur ſemble plus inhumain & esloigné du bien que ſon appareil qu'ils appellent tragique & ſanglant; & neantmoins s'ils penſoient ſerieuſement à ce qu'elle produit, ils verroient ſortir du ſein de ce qu'ils nomment malheur, pluſieurs choſes d'vne nature bien contraire. I'accorde qu'elle fait du mal aux vns, mais on ne peut nier qu'elle n'aſſeure le repos des autres; i'aduouë qu'elle donne la mort à pluſieurs, mais auſſi faut-il confeſſer qu'elle en fait viure beaucoup dans la memoire des hommes; & quelque choſe qu'on

puiſſe dire pour la blaſmer, tout ce qu'elle cauſe de funeſte,
n'eſt rien en comparaiſon du bien des vertus qu'elle fait naiſtre. Les premiers Sages, qui ſous des voiles fabuleux nous
laiſſerent vne doctrine veritable, ont feint douze trauaux
perilleux, dont la valeur d'Hercule aſſaillie vint à bout, &
ſe fit iour à trauers de ces grands obſtacles, pour ſe faire co-
gnoiſtre de la Renommée & de la Memoire: & exprimans
comment il monta au Ciel, ils diſent que le feu & les flammes luy en tracerent le chemin. Auſſi eſt-ce deſſous le faix des
armes, dans les perils de la guerre & à la veuë de la Mort
qui y ſeiourne ordinairement, que la Vertu eſclate, ainſi
que l'or ſe purifie par des feux violens, & comme les pierres
precieuſes ſe poliſſent deſſous le fer & ſous la roüe. Tout le
monde l'a bien recogneu en ces dernieres guerres, car outre le
bien du ſeruice du Roy, & l'affermiſſement de ſon authorité qui s'eſt accreüe par ce moyen, les courages masles & genereux y ont receu cet aduantage, d'auoir peu faire paroiſtre
leur vertu, qui par aduanture ſans ces occaſions fuſt de-
meurée pour iamais enſeuelie & dedans l'oubly & dedans
le ſilence; & vous particulierement qui vous y eſtes ſignalé
par vn nombre infiny de deſſeins conduits dextrement, &
tres-heureuſement acheués. Je ne veux pas dire MONSEI-
GNEVR, que vous y ayez acquis quelque choſe au delà de ce
que vous auez touſiours eſté en l'opinion d'vn chacun, ſi eſt-
ce qu'a mon aduis vous deuez auoir receu vne grande ſa-
tisfaction de voſtre Vertu, lorſque par tant d'actions ma-
gnanimes, elle a fait voir à tout le monde que voſtre reputation n'eſtoit point trompeuſe. Or la Vertu reſſemble au
Soleil, & les ſpectateurs ou ceux qui entendent le recit des
actes heroïques, ſont comme des miroirs qui renuoyent les
rayons lumineux dedans l'air, au meſme temps qu'ils les re-
çoiuent: de ſorte que quand ie penſe à ce que vous auez mis
à execution, ie ſens mon deſir s'enfler, & preſt de mettre hors
les louanges que mon eſprit conçoit de voſtre vaillance. Et
veritablement ſi i'auois à parler à d'autres qu'a vous, ie leur
pourrois dire la reſolution que vous monſtrez aux entrepri-
ſes penibles & difficiles, voſtre conſtance aux choſes douteu-
ſes, qu'elle fermeté d'eſprit vous auez parmy les hazars, &
toutes les belles parties d'vn grand Capitaine, dont Dieu

vous a extraordinairement doüé ; mais quand ie considere
que mes paroles n'arriueroient point à la simple narration
de ce qui en est, & d'ailleurs que toutes ces choses vous sont si
naturelles que vous n'estimeriez pas telles louanges estre fort
glorieuses, ie m'arreste à vous admirer plustost qu'a vous
loüer. Il me suffira de dire que le Roy a bien recogneu toutes
rares qualités, & que sa Maiesté tres contente de vous à
cause de la franchise que vous auez monstree, employant
souuent auec grand hazard vostre vie pour son seruice, vous
en a tesmoigné plusieurs fois en particulier le ressentiment
qu'elle en auoit. Et publiquement mesmes, vous ayant honoré de la charge de grand Chambellan de France, dont l'exercice vous fait approcher plus pres d'elle qu'aucun autre de
ses seruiteurs. Feu Monseigneur le Duc de Mayenne qui
vous a precedé en ceste charge, auoit donné commission à
quelques vns de ses seruiteurs, & qui sont les vostres tres-
humbles, de rechercher tous les tiltres & pieces iustificatiues
de la grandeur & du pouuoir qui y est attribué, enquoy ils
se sont tresdignement employés, ainsi qu'ils esperent vous
faire voir : & m'auoit commandé de rediger par escrit tout
ce que i'en pourrois remarquer dans les histoires, ce que ie
commencay de son viuant, & ay acheué depuis que vous en
estes pourueu. Ie sçay bien MONSEIGNEVR, que vous
n'ignorez rien de ce que ie puis auoir trouué touchant la fonction et l'authorité de cet Office, aussi n'ay-je pas tant presu-
mé de moy faisant ce petit recueil, que ie creusse que vous y
deussiez vous instruire de quelque chose. Mais ie me suis
persuadé que mon trauail ne vous seroit point desagreable,
veu mesmes que vous me donnastes permission lors que i'eu
l'honneur de vous en parler, de luy faire voir le iour sous la
faueur de vostre nom. Ce qu'ayant pris pour expres commandement, ie viens m'en acquiter maintenant, & vous
supplier tres-humblement de le receuoir pour gage de l'obeys-
sance que vous a voüée à iamais,

MONSEIGNEVR,

Vostre tres-humble, tres-
obeyssant, & tres-fidele
seruiteur BARDIN.

TABLE DES CHAPITRES DV
PRESENT LIVRE.

ADVERTISSEMENT.

La où il est discouru particulierement de la charge de grand Chambellan, l'on a mis en marge ces marques. "
"
"
"

LE
GRAND CHAMBELLAN
DE FRANCE

Que l'erection des grands officiers de la maison du Roy estoit necessaire pour le bien de l'Estat.

CHAPITRE I.

LES changemens qui ont de tout temps esté reconnus aux grands Estats & Monarchies du monde, & la vicissitude dōt ils sont ordinairement agités, ont fait passer pour maxime entre plusieurs grands personnages, Qu'il estoit plus glorieux de les conseruer que difficile de les acquerir. Car comme Totila[a] Roy des Gots apres auoir pris Rome disoit en vne harangue, La plus grande partie des victoires est deue à la lascheté des Capitaines ennemis, mais la seule vertu des vainqueurs asseure les conquestes. Aussi estoit aueugle & impertinéte au iugement de Nicias[b], l'ambition de ceux qui gaignoient en guerre ce qu'ils ne pouuoient contenir en obeissance durant la paix : veuque la conseruation du bien acquis doit estre le but & la fin des courages bien reiglés. Que si cette consideration est negligee, l'on encourt infailliblement le blasme qu'Antigonus[c] donnoit à Pyrrhus, d'estre semblable aux ioueurs de dez, qui ne se contentans iamais de leur gain, le voyent enfin eschapper de leurs mains. Ceux donc qui ont voulu se rendre louables en leur conduite, & leurs Estats fermes & durables, ont employé la Iustice pour les maintenir, comme ils s'estoient seruis de la Valeur pour les gaigner : & il semble en effet que cette derniere vertu soit inutile au bien de l'Estat, si la premiere ne se monstre le Genie de sa conseruation. C'est pourquoy le Prince qui est l'image de Dieu en terre[d], estant tres-estroittement obligé de reigler ses actions selon le diuin exemplaire qu'il represente, ne doit

[a] *Leonard d'Arretre l.3. de la guerre d'Italie contre les Gots.*

[b] *Thucydid. libro 6.*

[c] *Plut. in Apoph.*

[d] *Principem dat Deus qui erga omne hominũ genus vice sua fungatur. Plin. in Panegy.*

A

a δίκαι μδν σαῶ νόμου
τέλος ὅτιν. νόμος δὲ,
ἀρχοντος ἔργον. ἀρ-
χωι δὲ εἰκὼν Θιῶ τῶ
πάντα κοσμισαῶτος.
Plutar. ad Prin-
cipem ineruditum.

b Idem ibid.

auoir aucun ouurage en plus singuliere recommendation, que la Loy, [a] dont la Iustice est la fin : ainsi que disoit tous les matins vn Chambellan au Roy de Perse, [b] criant, Leuez vous Sire & veillez aux affaires que Mesoromasdes a commises à vostre Iustice. Mais dautantque la multitude des affaires ne permet point aux Monarques d'administrer seuls la Iustice à leurs peuples, il leur a esté besoin de consigner l'execution des loix, & se descharger de leur pouuoir entre les mains des plus notables, qui soubs leur authorité conduisent leurs sujets par les voyes de la Iustice, garantissans les pauures d'oppression, retenans les riches dans l'obeissance, & faisans droit à tous indiferemment. Cette necessité a donné lieu à l'establissement des officiers que nous voyons auiourdhuy, qui par reflexion de la puissance souueraine à eux cõmuniquee, prescriuent aux sujets les deuoirs où ils sont tenus. Et ne faut pas croire que la puissance Royale en ressente quelque diminution, (estant semblable au Soleil qui ne perd rien de sa lumiere, encore qu'il en donne aux autres astres) ains au contraire les Monarchies s'en portent mieux, dautantque ces personnes sont comme les yeux clairs-voyans des sceptres Egyptiens, qui veillent cõtinuellement de peur que l'Estat ne vienne à chopper.

e Plutar. ad Princ. inerudit.

Theopompus Roy de Lacedemone [e] remarqua bien sagement ce trait d'Estat, lorsque sa femme se plaignant qu'il laissoit à ses enfans le Royaume de moindre autorité qu'il ne l'auoit receu, ayãt establi les Éphores pour l'assister au gouuernement : il respondit qu'il leur demeureroit plus grand, plus il leur laisseroit ferme & asseuré. Aussi l'Empereur Auguste qui s'estõnoit que le desir de vaincre eust tant trauaillé Alexandre, & qu'il n'auoit iamais songé à recueillir & conseruer le fruit de ses victoires, portoit tousiours sa preuoyáce à la recherche des tares & diformitez de l'Empire Romain, & selon les occurrences creoit de nouueaux offici-

b Sueton. in Aug.

ers [d] pour reparer ce qui estoit defectueux, & le rendre inescroulable aux accidens internes, qui donnent ordinairement la plus violente secousse aux grandes principautez. Ce soin estoit tres-iudicieusement & tres-politiquement pris, mais le plus necessaire à vn Monarque est d'establir vn ordre & vne reigle en sa maison : Car comme sa vie est le modelle que taschent d'imiter tous ses sujets, de mesme la bonne police qui reluit en ses domestiques, les incite à deferer l'honneur & l'obeissance qu'ils doiuent à leurs Magistrats, & se gouuerner chacũselon son rang & le degré que la naissance ou le merite leur aura donné en la Monarchie. Il n'e-

*Plut. in apopht.

stoit pas bien seant à Philippe de Macedoine, disoit Demaratus [e], de s'enquerir si les Atheniens, & ceux du Peloponnese estoient en bonne paix, pendant qu'il voyoit sa famille trauuaillee de fascheuses discordes & inimitiez : mais i'oseray dire qu'il n'est point conuenable à vn Prince qui n'aura peu reduire sa maison à la

forme d'vne bonne conduite, de se vouloir entremettre du gouuernement de son Estat. Nos Roys de France ont prattiqué ce
conseil dés la naissance de leur Monarchie ; car on ne peut ietter
l'oeil en l'histoire, que l'on ne descouure dés l'entree de grands
Officiers en leur maison, & vne suitte non interrompuë pour
quelqueschangemens qui y soient arriués. Et il y quelque apparence que cela ait esté le vray fondement de la conseruation de
sa grandeur, la cause certaine de son lustre, & que c'est ce qui
luy fera brauer les efforts du temps & du changement : mais du
moins personne ne peut douter qu'vn tel ordre ne donne la majesté à la dignité Royale, l'esclat au Royaume, la diligence & le
desir de bien seruir à la Noblesse, & l'obeissance à tous les autres
sujets.

Combien l'Office de grand Chambellan est vtile au Royaume.

CHAP. II.

NTRE les grands Offices de la maison du Roy, ie n'en
trouue point de plus auguste en tiltre, de plus puissant
en authorité, de plus releué en dignité, & dont l'exercice
soit plus vtile à lEstat, que celuy de grand Chambellan : & toutes ces qualités luy sont tellement essencielles, & luy appartiennent si necessairement, qu'il est du tout impossible de l'en des-
pouiller. Car s'il faut que les Astres placés par la Nature aupres
du Soleil, recoiuent ses influences en plus grande abondance, &
sa lumiere en plus vif esclat que ceux qui en sont eloignés, que
ne sera t'il loisible de croire de grand en cette charge, qui appro-
che si pres du Roy ceux qui la possedent? Aussi la Loy [a] mettoit
" autresfois le grand Chambellan en pareil rang & dignité que te-
" noient le Chef des gens de guerre, & le Prefect du Pretoire, qui
" estoient tousiours les plus grands Princes de l'Empire. Mais re-
seruant cecy pour vn autre lieu ie veux parler de l'vtilité de cette
charge enuers l'Estat, puisque sans elle tout ce que l'on diroit
sembleroit superflu, l'honneur n'estant pas vn bien si l'vtilité ne
luy est alliee & conioincte. Nous deuons donc remarquer, que
tout ainsi que la dignité Royale excelle en effet par dessus toutes les autres, qu'il faut aussi qu'elle les deuance en monstre & apparence exterieure, & partant que tout le lustre imaginable doit [b]
estre recherché par les Roys, puisque comme disoit Porus [b] sous
ce mot de Royalement tout est compris. Alexandre le Grand
ayant veu dans la tente de Darius la garniture de ses salles, les
meubles de sa chambre, les vestemens & autres choses precieuses
de son cabinet, disoit, N'est-ce pas estre Roy cecy? & veritablement la pompe & la splendeur ne sont pas seulement bien-sean-

tes aux Monarques, mais tres-neceſſaires. Car les peuples defe-
rent tant à l'exterieur, qu'ils ont à meſpris toute puiſſance ſi l'apparence ne l'accompagne, & ne la releue par vn luſtre precieux.
Ageſilaus [a] qui ſelon la couſtume de ſon pays faiſoit peu de
conte de telle gloire, n'en fut pas mieux eſtimé des eſtrangers
qui s'attachoient à ſa meſchante cappe Laconienne, ſans pene-
trer plus auant aux rares qualitez de ſon eſprit: ny noſtre Louis
XI. de ſes ſujets meſmes, d'autant que ſon habit dérogeoit trop
à ſa Royauté. Et certainement il ſemble qu'il y ait vne propor-
tion & vn rapport comme des effets à leur cauſe, puiſque donnant quelquefois la liberté à noſtre imagination de ſe porter
iuſques aux Cieux [b], pour y voir ces viues lumieres, ces voutes
de diamant ſi iuſtement arrondies, & la nombreuſe cadence de
leurs globes qui dreſſent le throne du Tout-puiſſant, nous ren-
trons auſſi toſt dans nous-meſmes, pour admirer la grandeur de
celuy à qui ces choſes ſont dediées. La Majeſté de l'Empire eſt
ſa ſeureté, & le fondement de ſon ſalut & de ſa durée. C'eſtoient
autant de Roys que les Senateurs de Rome, diſoit Cyneas [c]. mais
auſſi ceſte gloire leur eſtoit tant auantageuſe, que les peuples
eſtrangers n'en auoient pas pluſtoſt la renommée, qu'ils eſtoient
épris du deſir de leur obeyr; ce qui faiſoit dire que les Romains
[d] remportoient des victoires eſtans aſſis.

Pareillement tous nos Roys preſque ont en pluſieurs choſes
móſtré les marques de leur grandeur; & leur Cour la plus belle
du Monde a fait voir de tout temps en quelle recommandation
ils auoient l'honneur & la ſplendeur de leur dignité ſans pareille : Mais leur plus particulier ſoin a eſté celuy de la magnifi-
cence de leur maiſon, & ſur tout de leur chambre; en quoy l'on
peut remarquer vn rare effet de leur ſinguliere prudence. Car
ce lieu a touſiours eſté eſtimé comme le temple de la viuante
image de la diuinité, le Ciel du Soleil de l'Eſtat, le lieu du throne du premier Roy de la terre que les Ambaſſadeurs eſtrangers
regardent auec tant de circonſpection pour iuger du reſte du
gouuernement; & en fin le lieu qui par les hommages que rendent iournellement les ſujets à leur Monarque, eſt fait depoſi-
taire de la vie & des biens de l'Eſtat, comme la chambre des Empereurs Romains l'eſtoit anciennement de la Fortune [e] de l'Empire. Tellement que pour ces conſiderations, nos Roys y ont de
tout temps commis de grands Chambellans, qui ont eu l'œil à
l'entretenement de ceſte pompe majeſtueuſe requiſe en ce lieu
ſacré; les ayant choiſis recommandables pour leur nobleſſe &
merites, à fin que plus volontiers les autres Seigneurs portaſſent
le reſpect & l'obeiſſance que leur ſeruice deſire eſtre rendu à
ceſte charge; l'intelligence mutuelle du grand Chambellan &
de ceux qui ſont deſſous luy eſtant neceſſaire pour ſeruir prom-

---

[a] Plutarch. in vita Ageſ.

[b] Deus totam molem iſtá &c. De nihilo expreſſit, in ornamentum Majeſtatis ſuæ, vnde & Græci nomen Mundo κόσμον accommodaue runt. Tertul. in Apolog.
[c] Plutarch. in Pyrrho.

[d] Paræmia vulgaris. Romanus ſedendo vincit.

[e] Fortunam deinde regiam quæ comitari Principes, & in Cubiculis poni ſolebat, &c. Æl. Spartianus in Senero.

ptement & proprement leurs Majeſtez. Et c'eſt principalement
de ce poinct que dépend la gloire d'vn Roy : car comme remar-
quent bien à propos tous les Hiſtoriens, chez le plus grand Roy
de l'antiquité qui eſtoit celuy des Perſes, ny la blancheur de
l'yuoire, ny la lueur reſplendiſſante de l'argent, & les claires
flammes de l'or & de l'electre qui brilloient en la [a] voute de ſa
chambre, ny ſon throne [b] d'or, ſon lict & ſon platane [c] de
meſme, ny ceſte vigne [d] encor qui s'eſpandoit deſſus ſa couche
portant des grappes amaſſees de pluſieurs perles tres-precieuſes,
n'eſtoient point vn ſujet d'admiration à ceux qui l'alloient adorer [e] ; mais ils eſtoient entierement rauis conſiderant le bel ordre de tous ſes domeſtiques, & la façon dont il ſe faiſoit ſeruir.
De meſme, la Royne de Saba [f] que la ſageſſe de Salomon auoit
attiree en ſa Cour paſſa negligemment deſſus ſes richeſſes, eſti-
mant que c'eſtoient des dépouilles de la terre, le butin de la fortune, & les amorces des paſſions déreglees, où il y auoit peu d'autre bien que celuy que l'opinion leur a forgé : Mais quand elle
veid la multitude de ſes domeſtiques, l'ordre qu'ils obſeruoient,
la reigle de leur fonction, & la façon de leurs veſtemens ; elle
fut ſurpriſe d'vn tel eſtonnement, qu'en cela ſeulement elle
plaça la Sageſſe de ce grand Monarque. De ſorte que nous pou-
uons coniecturer de là combien louables ont eſté nos Roys en
l'erection de l'office de grand Chambellan, puiſque c'a eſté à
deſſein de faire entretenir vn ordre, ſans lequel nous verrions
leur maiſon enueloppee dans la confuſion d'vne multitude d'officiers, & en cela ne peut-on louër leur prudence, que l'on ne
remarque pareillement la neceſſité & vtilité de ceſte charge.

*Que l'Office de grand Chambellan eſt fort ancien, & en
quelles Monarchies il a eſté.*

CHAP. III.

TOVT ce qui eſt au Monde a deux viſages ; chaque
medaille, comme on dit, a ſon reuers ; & il n'y a point
de maxime ſi veritable qu'elle ne ſoit controuerſee
en quelque cas. Noſtre Orient eſt l'Occident de ceux
qui habitent au Couchant ; noſtre nuict le iour de nos Anti-
podes en l'autre Hemiſphere ; & meſmes toutes nos actions ne
ſont determinees au bien ny au mal par leur nature, mais ſeulement eu eſgard à ce que la Philoſophie Morale en ordonne.
Ainſi la vieilleſſe ſappe les fondemens de beaucoup de choſes,
& le Temps les ruine de tout poinct : mais la longue ſuite des
ans eſt tellement recommandable en d'autres, qu'il fallut que

A iij

Marginal notes:
[a] *Apuleius de Mundo.*
[b] *Philoſtrat. lib. 2. imag. in Themiſt.*
[c] *Xenoph. lib. 7.*
[d] *Athenæus lib. 7. & 12.*
[e] *Curt. lib. 8.*
[f] *lib. 2. Paral. cap. 9.*

Iupiter Capitolin, laiſſaſt la place au petit Dieu Terminus [a] à cauſe de ſon ancienneté. C'eſt dequoy entre les Romains, les nobles faiſoient tant de gloire, qu'ils mettoient des Croiſſans [b] ſur leurs ſouliers, pour dire comme les Arcadiens [c] qu'ils eſtoient nais deuant la Lune : Et les Atheniens [d] auſſi qui portoient des cigales aux nœuds de leurs cheueux, penſans auoir pris leur naiſſance de la ſeule terre, deuant que la generation naturelle fut en vſage. L'Office du grand Chambellan tire pareillement vn honneur ſingulier de ſon ancienneté, ſoit que nous le conſiderions aux Royaumes eſtrangers, ou bien au noſtre, qui ne commença pas pluſtoſt à poindre, que l'on veid vn grand Chambellan auant tout autre Officier. Car ſi nous ne voulons pas adjouſter foy à vn Hiſtorien [e], qui dit qu'Aurelien deputé par Clouis deuers Gombaut Roy de Bourgongne, pour luy aller rechercher ſa niepce Clotilde en mariage, eſtoit Chambellan de ce premier Roy Chreſtien, au moins ſommes-nous obligés de croire à pluſieurs [f], qui ont aſſeuré que Gaultier de Calez ou Caux, ſeigneur d'Iuetot, l'eſtoit de ſon fils Clotaire. Or iuſques au temps dudit Clotaire, les Hiſtoriens n'ont point remarqué d'autre office en la maiſon du Roy : ce qui me fait dire que ſil y euſt eu de grands officiers tels que nous voyons maintenant, ils ne les euſſent paſſés ſous ſilence, non plus qu'ils ont fait depuis en la ſuite des temps & de leurs hiſtoires. Mais pour remonter plus haut aux Monarchies eſtrangeres : Les Roys de Perſe auoient leurs Chambellans [g] en pareil office & dignité qu'ils ſont en France ; & d'autant que leur Eſtat eſtoit fondé ſur le debris & decadence de celuy des Medes, il y a grande apparence que cet Office ait auſſi eſté en leur Empire. Il ſe void qu'Artoxerxes [h] Longuemain fut ſupplié de Satibarzanes ſon Chambellan de luy octroyer certaine choſe iniuſte, mais le Roy ayant appris que c'eſtoit ſous eſperance d'en tirer trente mille Dariques, les luy fit donner, iugeant que ceſte ſomme d'argent ne le rendroit pas pauure, là où l'enterinement de la requeſte l'euſt rendu injuſte. Cela nous fait voir en paſſant en quelle eſtime eſtoient les Chambellans, veu que ſi Satibarzanes n'euſt eſté d'vne qualité releuee, Artoxerxes l'euſt chargé d'vn refus, & peut-eſtre auec paroles aigres, ou au contraire il le contenta, luy donnant tout ce qu'il euſt peu eſperer du reuſſiſſement de ſon affaire.

Les autres Roys anciens ſe ſont auſſi ſeruis de Chambellans, qu'ils ont fait participer à de grands honneurs, ce qui occaſionna les Tyriens & Sidoniens d'employer la faueur de Blaſte [i] Chambellan d'Herodes, pour les remettre en grace auec ſon maiſtre. Ceux qui ſont aucunement verſés en l'Hiſtoire du haut & bas Empire, ne peuuent douter que ceſte charge n'ait esté en la maison des Empereurs, & pour preuué de son ancienne grandeur i'apporteray seulement le tesmoignage du poëte Martial. Se riant d'vn vieillard qui faisoit en la Cour de Domitian des complimens mieux seans aux ieunes courtisans qu'à vne personne de son âge desia bien auancé : il dit que ses discours les plus frequents estoient de Parthenius [a] grand Chambellan de Domitian, & de Sigerius Decurion des Chambellans, pour s'introduire aux faueurs de la Cour. Ce qui fait connestre le credit de ces officiers, que ce Poëte mesme ne s'oublioit pas de rechercher, semant en plusieurs endroits de ses liures [b] les louanges de Parthenius, dont il employoit la faueur, pour faire voir ses œuures à Domitian [c], & à la verité auec raison, d'autant que ce grand Chambellan receuoit les requestes [d] qu'on presentoit à l'Empereur. L'Empire de Trebizonde a veu aussi ses grands Chambellans auec autant de pouuoir qu'aucun autre Estat dont nous ayons parlé : Car Machmut [e] general de l'armee nauale de Mahommet II. ayant traitté auec Georges grand Chambellan & cousin germain (dit Chalcondyle) de Dauid Commene dernier Empereur de Trebizonde, la resolution des articles de paix fut entretenue autant inuiolablement comme si les Empereurs eussent traitté en personne, quoy qu'il y allast de l'Empire de Trebizonde. Et d'autant que les autres Monarchies de l'Vniuers, où nous voyons ceste charge de grand Chambellan, sont inferieures au Royaume de France, tant en ancienneté, qu'en noblesse, dignité & Majesté Royale ; ie n'en veux point parler icy, veu qu'il est croyable qu'elles se soient en cela conformees à l'exemple de la nostre.

[a] Et sacro decies repetis palatia cliuo, Sigerióſq; modos, Partheniósque sonas. *Martial lib. 4. epig.* 79. *Sueton. in Domitt.* Parthenius Præpositus cubiculi & Saturius Decurio cubiculariorum. *hie est sigerius apud Martialem & Xiphilinum in Domit.*

[b] *lib. 4. epig.* 45. *lib 8. epig* 18.

[c] *lib 5. epig. 6. lib. 12. epig.* 11.

[d] *idem lib. 11. epig.* 1.

[e] *Baudier l. 6. cha. 5. de l'histoire des Turcs.*

Du nom & Office du grand Chambellan & Chambrier.

CHAP. IIII.

IE ne puis que ie ne loue grandement le decret que les Atheniens firent en faueur & pour memoire de leur liberté, recouuree par la valeur d'Harmodius [f] & d'Aristogiton ; deffendans que l'on n'appellast iamais de tels noms les serfs & esclaues, àfin de ne point prophaner par la misere de la seruitude, ce qui tournoit à l'honneur de la patrie. La premiere imposition des noms a esté fondee sur la connoissance des choses ; la nouueauté affectée de tous les hommes en a fait naistre beaucoup d'autres ; & à tous ceux-cy les temps ou l'esloignement des lieux ont donné l'vsage, ou les ont effacez de la memoire, selon les diuerses no-

[f] *Aulus Gellius lib. 9. c. 2.*

tions de ceux qui gouuernoient le langage : mais quoy qu'il en soit, les noms [a] ou l'expreſſion des choſes eſt attachee comme l'ombre au corps, & qui ne laiſſent aucune priſe à l'ambiguité pour leur intelligence, ſont touſiours les plus agreables, & partant doiuent eſtre les mieux receus. De ceſte qualité ſont preſque tous les noms des dignités & eſtats, ceux qui les ont inſtitués ayans eu ſoin de leur donner vne appellation conforme au ſujet de leur eſtabliſſement, ainſi que celuy de grand Chambrier ou grand Chambellan, qui monſtre que c'eſt vn Office dont l'employ, la charge, & le deuoir regarde & butte particulierement à l'adminiſtration, entretenement, & conduite de tout ce qui concerne & appartient à la Chambre du Prince. Ce nom donc vient de Chambre, & celuy-cy de [b] Cambrer, qui eſt courber en arc, d'autant que ſelon l'ancienne Architecture, les chambres [c] eſtoient voutees en arc, hemiſphere, tortue ou petites lunes. Il y en a qui croyent que le grand Chambrier & le grand Chambellan ſont deux Offices ſeparés de pouuoir & de dignité, opinion reiettee d'autres, qui diſent qu'elle eſt fondee ſur le nom de Chambrier vſurpé en vn temps, & celuy de Chambellan prattiqué & vſité à preſent ; & ny plus ny moins que le fleuue Xanthus fut premierement appellé Scamander, ou bien comme il y a encor d'autres riuieres qui ont vn nom vers leurs ſources different de celuy qu'on leur donne aux lieux où elles ſe deſchargent dans la mer, que pareillement ſous la premiere & ſeconde famille de nos Roys, les grands Chambellans ont eſté appellez grands Chambriers, ainſi que les Chanceliers eſtoient nommez Referendaires ; les grands Aumoſniers, Apocriſiaires & Archichappellains ; & les grands Maiſtres, Seneſchaux. Quelques-vns de ceux qui font diſtinction entre Chambellan & Chambrier diſent que le Chambrier eſtoit proprement celuy que l'on appelloit Domeſtique du Roy ; & que de cet Office eſtoit pourueu du regne de Childebert [d], Gondulphe (que Gregoire de Tours dit auoir eſté oncle de ſa mere) & ſous Gontran, Domnole Domeſtique eſtoit le Chambrier precedant Valdamar Chambellan. Or ſans m'arreſter au paſſage de Gregoire de Tours, où au lieu de Domeſtique, Fauchet [e] traduit Gentilhomme de la maiſon de Childebert : Ie viens à celuy de Fredegaire [f] touchant Domnole eſtimé Chambrier, & Valdamar ſon inferieur ; ce qui n'eſt appuyé ſur aucun veritable fondement. Car nous trouuons ailleurs que Valdamar auoit la ſuperintendance [g] de la Chambre du Roy, & l'on ne void point que le nom de Chambrier ait eſté attribué à Domnole. A la verité ie ne puis rien aſſeurer de certain de l'Office de Domeſtique, ne l'ayant veu au fil de noſtre hiſtoire, ſinon ſous les enfans

[a] Grata omnino ſunt nomina quæ deſignant protinus actiones, quando tota ambiguitas audienti tollitur, vbi in vocabulo concluditur quod geratur. *Caſſiodorus.*

[b] *Virgil. Georg. 3.* Hirtæ Camuris ſub cornibus aures. Cameræ dictæ ſunt à camuro, id eſt, curuo. *Seruius. Nonius, Camerum legens,* Camerum *(inquit)* obtortû, vnde & Cameræ tecta in curuitatem formata. *Hoc ſenſu* Camerationem *videbis apud Spartianum in Caracalla.*

[c] *Philander ad Vitruuium lib. 7. cap. 3.*

[d] Childebertus Gondulphum ex Domeſtico duce facto, de genere Senatorio, Maſſiliam dirigit, *Greg. Tur. lib. 6. cap. 11.*

[e] *liure 4. chap. 1.*

[f] Vxorem eius Sidoniam vna cum omni theſauro Domnulus Domeſticus, & Vandalmarus Camerarius Gûtranno præſentant. *Fredeg. Scholaſt. in Chron. cap. 4.*

[g] ac Vandalmaro Cameræ Regis Præfecto. *Aimoinus lib. 3. cap. 75.*

fans

fans de Clotaire, & nous eſt fort difficile de l'apprendre en l'hiſtoire de l'Empire, veu les diuerſes opinions des autheurs touchant cet eſtar. Procope [a] dit que c'eſt vn Secretaire, ou celuy qui eſt du Conſeil ſecret de l'Empereur. Vn autre prend le grand Domeſtique [b] pour le grand Seneſchal. Cedrene auec pluſieurs autres parlant du Domeſtique le met touſiours pour le chef [c] des bandes entretenues, ſi bien qu'il le nomme Domeſtique des Eſcholes (qui eſtoient des compagnies deſtinees à la garde du Palais compoſees de 3500. [d] Armeniens) & en la vie de Conſtantin fils de Romain, il dit que cet Empereur fit Nicolas [e] chef de ſes valets de chambre, Domeſtique des Eſcholes & ſon Chambellan, non pas toutesfois qu'il faille conclure que l'Eſtat de Domeſtique fut celuy de Chambellan, comme on peut remarquer en la ſuite de ſon hiſtoire. Car il dit que Baſile Chambellan de l'Empereur Conſtantin fils de Leon, le fut auſſi de Romain ſon fils, de Nicephore Phocas cree Empereur par ſon credit, & de Iean Tzimiſces qui erigea en ſa faueur la dignité de Preſident, le faiſant gouuerneur de tout l'Empire. Il conſerua ceſte puiſſance & adminiſtra encor l'Eſtat pendant la domination de Baſile & de Conſtantin enfans de Romain, tellement que les nouuelles de la rebellion de Bardas Durus eſtant portees à Baſile l'Empereur, & à ce Chambellan; ils donnerent commiſſion à Leon Protoueſtiaire (ou Maiſtre de la garderobe) pour aller à l'encontre de Durus. Et ceſte entrepriſe luy ayant mal ſuccedé y eſtant demeuré priſonnier, Baſile le Chambellan qui auoit de grands affaires tant ſur mer que ſur terre, ne peût en telle extremité auoir autre recours qu'à Bardas Phocas qu'il rapella d'exil, le faiſant Domeſtique, puis l'enuoya contre Durus qu'il vainquit en champ de bataille. D'icy donc & de pluſieurs autres lieux ou ſous vn meſme Empereur il nomme vn Chambellan & vn Domeſtique,

» l'on peut apprendre que c'eſtoient deux diuers Eſtats: Mais ie
» ne veux pas inferer delà que le grand Chambellan ne ſe puiſſe
» diſtinguer du Chambrier. Car l'on trouue en la chambre des
» Comptes deux tiltres de ces officiers, & nous voyons que ſous
» vn meſme Roy, & en vn meſme temps, deux ſont pourueus
» des Eſtats de Chambellan & Chambrier. Toutesfois cela ne
» ſ'eſt fait qu'en ceſte derniere lignee, quand nos Roys ne vou-
» lans point comme il eſt croyable) meſcontenter les grands
» Seigneurs qui pourchaſſoient ceſte charge, la diuiſerent (ainſi
» que l'on a fait depuis quelque temps l'Eſtat de Premier Gentil-
» homme de la chambre) donnans à l'vn le nom de grand Cham-
» bellan, & à l'autre de Chambrier; & peut eſtre ſeruoient-ils al-
» ternatiuement par ſemeſtre, ou par quartier. Pluſieurs raiſons
» m'authoriſent en cela, & entre autres que nous voyons les noms

des grands Chambellans & Chambriers foubfcrits indiferem- «
ment aux chartes qui n'eftoient fignees que par les cinq grands «
officiers de la Couronne ; mais l'on ne treuue point que deux «
Officiers ayent fouffigné mefmes lettres, ce qui monftre que le «
témoignage de l'vn d'eux eftoit neceffaire, mais de deux enfem- «
ble fuperflu, comme ayans mefme office, ou bien qu'ils fi- «
gnoient lors qu'ils eftoient en quartier. Il eft d'ailleurs manife- «
fte que le grand Chambellan & le grand Chambrier auoient «
iurifdiction [a], mais il n'y a point deux iurifdictions d'vne mef- «
me chofe, auffi leur eftoit-elle commune, puifque ceux qui «
prenoient lettres de Bazannier & de quelques autres meftiers à «
Paris payoient feize fols au Roy, dont le grand Chambellan en «
retiroit dix, & le Chambrier receuoit les fix autres. Partant, «
quoy que l'Office de grand Chambrier fuft fupprimé par la «
mort de Charles Duc d'Orleans, le reglement qu'il auoit obtenu «
l'an 1544 touchant fa iurifdiction [a], ne laiffa d'eftre verifié en «
l'an 1561 n'y ayant alors que le grand Chambellan de France. «
C'eft ce qui a fait confondre par Fauchet & Pafquier la charge «
de grand Chambellan & Chambrier, apres quelques autres an- «
ciens autheurs : car voyans que leur fonction eftoit entiere- «
ment femblable, & qu'ils iouyffoient de mefmes droicts & «
honneurs, ils ne fe foucierent d'en nommer quelques vns Cham- «
briers qui eftoient grands Chambellans, puis qu'ils expri- «
moient vn mefme eftat, & vne mefme charge. Ce qui fe «
voyant par le iugement donné en faueur des habitans de Con- «
ches, contre le Duc de Bourgongne, au Parlement d'Hyuer «
l'an 1310 où ce Duc eft qualifié grand Chambellan, quoy qu'il «
fut Chambrier, le Lecteur ne fe doit eftonner fi ie mettray tous «
leurs droicts fous l'Office de grand Chambellan, veu qu'il n'y a «
plus de grand Chambrier.

La dignité de la charge de grand Chambellan en l'Empire
Romain, & comme elle a efté poffedee par de
grands Princes & Seigneurs.

CHAP. V.

PVISQVE la Nature a accouftumé en toutes fes œuures, de proportionner les chofes qui agiffent aux
fujets qui les recoiuent & où elles f'exercent, ce n'eft
pas fans raifon que les Legiflateurs & inftituteurs
des Monarchies, erigees du confentement des peuples, pour
entretenir la focieté des hommes, fuiuant les defirs de la Na-

ture [a], se sont entierement conformées à la façon dont elle vse en ses operations, conferant les charges selon le merite des personnes. Tellement que pour conseruer tousiours les Empires & Royaumes en leur perfection, les plus sages Princes ayans ordinairement en la distribution des offices de leur Estat, eu esgard à les donner de sorte qu'il y eust vn rapport de la grandeur de la charge, à la grandeur de celuy qui la possederoit ; il n'y a point de doute que par l'eminence de l'extraction ou des vertus de ceux qui ont esté pourueus de l'Office de grand Chambellan, nous ne puissions reconnestre l'eminence de ceste charge. Ce qui m'obligera de parler icy de quelques vns qui l'ont possedee en l'Empire Romain tant d'Orient qué d'Occident, & par apres en nostre Monarchie Françoise, quand i'auray monstré la dignité de ceste charge en elle-mesme, afin de faire vn parfait paralelle de l'office auec l'officier, comme de l'objet au sujet.

Il faut donc remarquer que les plus grands Estats de l'vn & l'autre Empire estoient ceux à qui l'on attribuoit le tiltre d'Illustres [b], dont les quatre premiers ont esté de tout temps le Prefect du Pretoire, qui commandoit aux Cohortes des soldats Pretorians au nombre de dix [c] mille, choisis, triés, & les plus grands & mieux armés de tout l'Empire [d] ; le Maistre des soldats [e], chef des autres troupes; le Prefect [f] de la ville soit de Rome ou Constantinople ; & celuy qui estoit preposé à la chambre sacree, que nous appellons en France grand Chambellan. Ces quatre personnages auoient, apres l'Empereur, le plus d'authorité en l'Estat, & en partageoient également les honneurs entre-eux : Car excepté le lieu où chacun d'eux exerceant sa charge precedoit les autres, ils n'auoient aucune preeminence ny prerogatiue l'vn sur l'autre [g], mais le seul ordre de leur reception donnoit la presseance, estant raisonnable que le premier pourueu de sa charge prit le dessus, soit qu'ils allassent saluer l'Empereur, ou qu'ils assistassent aux solennités, compaignies, jeux & autres assemblees publiques où la ceremonie deust estre obseruee. Mais dautant que les charges des Prefects du Pretoire, & de la ville ; & du Maistre des soldats regardoient la conduite de la guerre, ou du public ; & celle du grand Chambellan le gouuernement de la maison de l'Empereur ; il estoit le chef & le premier de ses domestiques [h], comme nous voyons qu'en l'estat des maisons de nos Roys il precede tous les autres domestiques de leur maison. Et c'est vne chose grandement remarquable en l'Empire, qu'outre les quatre Officiers susnommés y en ayant encor d'autres qui portoient le nom d'Illustres, à sçauoir le Maistre des offices, le Questeur, le Comte des liberalités & dons de l'Empereur, le Comte des Cheua-

---

Marginal notes:

[a] Scripserunt de Repub. & si diuerso modo Cicero & Plato &c. Hâc tamen vterque & instituendæ & institutæ præscripsit formulam : vt vita ciuilis naturam imitetur. *Policraticus de nugis Curialium libro 6. cap. 21.*

[b] *Notitia vtriusq. Imperij.*
[c] *Dion lib. 55.*
[d] *Herodian. lib. 5.*
[e] *Vegetius lib. 3. de re militari cap. 9. Nouell. Theod. 14. l. C. de offic. mag. milit.*
[f] *l. 1. C. de PP. siue vrb. lib. 12. & l. vlt. C. de apparitorib. præf. vrb. Dion. lib. 25. Vopiscus in Floriano.*
[g] *Cod. de Præp. sacr. cubicul. l. sacri cub. vt in sedibus & in confessu eis ordo seruetur, quem ordo prouectionis ostenderit, &c.*
[h] *l. vlt. C. de Præp. sacr. cub.*

liers domestiques, & le Comte des soldats, le grand Chambellan ne les precedoit pas seulement, mais par la constitution de l'Empereur Zenon [a] estoit mesmes preposé sur eux. Cet illustre rang a poussé en l'ame de plusieurs grands Seigneurs le desir de s'en voir honorés, & en effet leur a seruy de degré pour monter à la gloire la plus signalee qu'ils eussent peu souhaiter: mais il suffira d'en rapporter icy quelques vns de l'Empire, pour faire connestre l'authorité qu'ils ont euë en cet Estat.

Ayant discouru cy-deuant du grand pouuoir de Parthenius qui exerceoit ceste charge sous Domitian, ie n'en parleray point afin de venir à Sarterus [b] qui seruit l'Empereur Commode en ceste qualité. Il estoit Nicomedien de nation, & son credit fut tel, qu'à sa priere le Senat permit aux Nicomediens de jouër des jeux & combats, & de bastir vn Temple à Commode, ce que l'on n'obtenoit qu'auec grande difficulté. Cleander qui disposoit alors de tous les affaires de l'Empire à son plaisir, osta & la charge & la vie à Sarterus, & s'en estant fait pouruoir, il eut plus de hardiesse de vendre toutes les dignités & offices de l'Estat, de sorte qu'il assembla de bien plus grands thresors, & acquit beaucoup de plus belles maisons que n'auoient fait tous ceux qui l'auoient precedé en l'exercice de ceste charge. Mais la Fortune l'ayant abandonné, il fut tué en vne mutinerie du peuple. Electus luy succeda en l'Office, de qui la femme nommee Marcia fauorisa & assista les Chrestiens de sa faueur enuers Commode, & apres la mort de cet Empereur, ce grand Chambellan Electus, & Letus Prefect du Pretoire porterent Pertinax [c] à l'Empire, qui estoit vn homme extrememement vertueux. Letus ne conseruant point sa foy inuiolable, fut cause de la mort de Pertinax: Electus au contraire voyant venir les soldats contre son Maistre, se mit courageusement en deffense & en blessa plusieurs; mais à la fin accablé de la multitude, & enueloppé dans le destin de Pertinax, il tomba mort auec luy.

L'Empereur Seuerus [d] eut pour grand Chambellan vn nommé Castor, non point à la verité d'extraction illustre, estant mesmes son affranchy, mais l'ayant reconnu le plus vertueux le plus sage, & le plus homme de bien de tous ses affranchis, il creut que ces rares qualités suppleans à la bassesse de sa race, le pouuoient rendre digne de ceste charge qu'il luy donna, comme aussi pour recompense de ses bons conseils; car Seuerus luy descouurant & communiquant tous ses secrets, tiroit de bons aduis de ce Castor. Sous le ieune Constantius fils du grand Constantin, tous les courtisans traffiquoient de flateries pour gaigner la faueur du grand Chambellan Eusebe, qui tenoit le gouuernail de tout l'Empire, & sur qui (dit Ammian

a l. vlt. C. vbi senato. vel clariss.

b Xiphilin. in Commodo.

c idem in Pertinaci.

d idem in Seuero.

Marcellin) [a] Conſtantius pouuoit beaucoup. L'Empereur Iulian ſon ſucceſſeur auoit Eutherius pour grand Chambellan, le plus rare exemple de modeſtie qui ſe trouue dans l'Hiſtoire; car ny les faueurs de ſon Maiſtre, ny les cajeolleries & affetteries de la Cour, ny le grand pouuoir qu'il ſe voyoit entre les mains, ne luy feirent iamais oublier ſon deuoir; au contraire preferant la iuſtice, l'equité, & le bon-heur de l'Eſtat à ſon bien propre, il cenſuroit [b] quelquesfois les façons de faire, & la legereté Aſiatique de Iulian, qui euſt peu prejudicier au public, ou à quelques particuliers. Ie tairay icy qu'Eutropius [c] qui auoit cet Office ſous Arcadius, manioit tous les affaires, pour dire que Narſes [d], ce vaillant Capitaine qui vainquit Totila, ruina entierement les Gots, deliura Rome auec l'Italie de leur captiuité & toute la terre de leur terreur, eſt qualifié par Paul Diacre Chambellan de Iuſtinian, & par Procope [e] Threſorier des deniers de l'Empereur: toutesfois ces deux Offices ne ſont point incompatibles, ayans meſmes eſté annexés enſemble en France, comme nous verrons cy-apres. Ce Narſes n'a pas eſté le ſeul grand Chambellan eleu chef des armees Imperiales, car Marianus [f] pourueu du meſme Office ſous Heraclius, fut general de ſon armee contre les Sarrazins, & mourut combattant vaillamment, en la bataille qu'il donna à leur Roy Ambrus. Pareillement le Chambellan de Conſtans, nommé Cacorizus [g], alla auec vne puiſſante armee contre Mauhias qui s'eſtoit emparé de l'Iſle de Cypre, & ſur la fin de l'Empire du meſme Conſtans, André [h] qui eſtoit alors ſon Chambellan, fut fait Lieutenant general de ſon armee, & auec elle reprit vne ville de Phrygie dont Sabor Preteur d'Armenie reuolté contre l'Empereur ſ'eſtoit ſaiſi, où il fit mourir 5000 Arabes qui la deffendoient. Sous Conſtantin fils de Conſtans, il poſſeda encor ceſte charge, auec tres-grande authorité en l'Eſtat, & credit enuers l'Empereur, car il le deſtourna de la reſolution qu'il auoit priſe de transferer ſon ſiege de Bizance à Rome. Pendant l'Empire de Conſtantin fils de Leon, il y auoit vn grand Chambellan nommé pareillement Conſtantin, que ſon maiſtre affectionnoit bien fort; & Baſile eleué en ceſte dignité n'auoit pas moins de credit en l'Eſtat du temps de Conſtantin fils de Romain.

Ie ſerois trop long ſi ie voulois rapporter icy tous les autres que les autheurs celebres ont employés dedans leurs hiſtoires; car il n'y a point d'Officiers dont ils parlent plus frequemment que des grands Chambellans, ny dont ils produiſent des marques plus rares & plus excellentes de leur charge. Mais comme ce ſont choſes de peu de conſequence pour le ſujet que nous traittons, outre que c'eſt vne inutile curioſité d'aller recercher

---

[a] Hac autem aſſentandi nimia fœditate mercari complures nitebantur fauorem Euſebij, Cubiculi tunc Præpoſiti, apud quem ſi vera dici debent multa Conſtantius potuit. *lib.8.*

[b] *Ammian. Marcell. lib.16.*

[c] *Zoſimus in Arcadio.*

[d] Qui ſtatim Narſen Eunuchum Cubicularium ſuum, Exarchum Italiæ fecit, & Romam cum manu valida miſit vt afflictæ Romæ quantocius ſubueniret *Paul. Diac. hiſt. miſcel. lib.16.*

[e] *Procop. lib.4. de bell. Got. mais Zonare le qualifie Chambellan de l'Empereur Tibere ſecond Empereur apres Iuſtinian.*

[f] *Nicephorus Pa-triar. Conſtantin.*

[g] *Paulus Diacon. hiſtor. miſcella. lib.19.*

[h] *Idem, ibidem.*

[i] *Vide Cedrenum in Baſilio, & Zonaram in Michaele Theophili filio.*

ailleurs ce que nous trouuons chez nous, il vaut mieux retourner en France pour connoiſtre ceux qui y ont eſté honorés de ceſte dignité. La duree de ceſte Monarchie que le Ciel a eu ſoin de rendre plus longue que de toutes les autres ; ſon Eſtat le plus noble de tous ceux du monde ; nos Roys qui ont touſiours égalé, & meſmes bien ſouuent ſurmonté la gloire des Empereurs qui viuoyent de leur temps rendent ce Royaume tresilluſtre hors de comparaiſon d'auec tous les autres : il l'eſt auſſi en ce qui concerne les grands Officiers de la Couronne, & particulierement touchant ceux qui ont ſeruy nos Roys en qualité de grands Chambellans. Car ils ont donné tant de preuues de fidelité en l'adminiſtration de leurs charges pres de la perſonne de leurs maiſtres, & rendu a l'Eſtat vn ſi grand nombre de ſeruices, qu'ils ont en cela ſurmonté ceux de toutes les Monarchies de la terre.

Noms de pluſieurs grands Chambellans de France.

Chap.　VI.

POVR paruenir auec plus de facilité à ce que i'ay propoſé de rapporter les noms de quelques grands Chambellans que ie trouue en noſtre hiſtoire, afin de monſtrer que ceſte charge n'a pas eſté en moindre conſideration au Royaume de France qu'en l'Empire, ie me conduiray par la ſuite des temps, diuiſant ce chapitre en trois parties pour correſpondre aux trois races qui ont tenu la Couronne de ceſte Monarchie.

En la maiſon des Merouiens.

Clouis premier Roy Chreſtien, eut pour grand Chambel- «
lan Aurelian ᶜ, & ce fut de la dexterité de celuy-cy dont il ſe «
ſeruit afin d'obtenir Clotilde en mariage. 　　　　　　«

Gaultier de Calez ᵈ, ſeigneur d'Iuetot, poſſeda ceſte char- «
ge ſous Clotaire premier, qui l'affectionnoit de telle ſorte, que «
les autres courtiſans ialoux de ces faueurs tramerent vne trahi- «

ᶜ *Nicolas Giles en la vie de Clouis.*
ᵈ Fuit inter familiariſſimos Clotarij aulicos, Galterus Yuetotus, agri

,, son calomnieuse contre luy ; à quoy le Roy defera tant qu'il tua
,, ce grand Chambellan, & pour satisfaction, exempta ses hoirs
,, de l'hommage qu'ils deuoient à cause de la terre d'Iuetot.
,, Valdamar [a] fut grand Chambellan de Gontran Roy d'Or-
,, leans.
,, Sous Chilperic, Euroul pourueu de cet Estat, estoit grand
,, Seigneur au recit de Gregoire de Tours [b], puis qu'il le qualifie
,, Prince, & nous trouuons sous le mesme Roy vn Chambellan
,, nommé Feraut [c].
,, Sigisbert qui tint son siege à Mets, auoit donné cet Office à
,, Caregisile [d], qui fut tué en le voulant deffendre, lors que Fre-
,, degonde le fit assassiner à Vitry.
,, L'on trouue sous Childebert fils de Sigisbert trois personna-
,, ges appellez ses Chambellans; Eberon [e] qui fut gouuerneur
,, dans Poictiers; Cothron [f] & Radanes, dont il est parlé aux let-
,, tres missiues que l'Empereur Maurice enuoya à ce Roy.
,, Theodoric son fils regnant en Bourgongne, auoit Bertaire [g]
,, pour grand Chambellan, que quelques-vns disent auoir pris
,, Theodebert Roy de Mets, frere & ennemy de Theodoric, qu'il
,, luy amena, & ce Bertaire eut pour recompense sa despouille
,, Royale.
,, Le petit nombre d'historiens de ces temps-là, ne nous four-
,, nit point de memoires plus amples, pour connoistre quels ont
,, esté les grands Chambellans des autres Roys.

En la race des Charliens.

,, Sous Charlemagne, Algise [h] estoit grand Chambellan,& fut
,, vn des chefs de l'armee du Roy contre les Sesnes, où estant mort
,, en la bataille que les François leur donnerent; Mangenfrid [i]
,, luy succeda en sa charge, qui fut pareillement chef de la moi-
,, tié de l'armee de Charlemagne auec le Comte Thierry cousin du
,, Roy, au voyage que ce Roy fit le long du Danube pour aller
,, contre les Hongres, où il conduisoit l'autre partie de son ar-
,, mee.
,, Geroust [k] ou Geronge seruit Louys le Debonnaire en ceste
,, qualité, quoy qu'vn historien [l] l'appelle seulement Maistre des
,, portiers (qui est le Capitaine des gardes de la porte) & ayant esté
,, enuoyé en Italie auec Lothaire declaré compagnon de l'Empire
,, afin de le conseiller en ses affaires; Bernard [m] Duc de Septima-
,, nie, Comte des frontieres d'Espagne, filleul de l'Empereur, &
,, Prince du sang Royal au rapport de Tegan fut pourueu de
,, l'Office de grand Chambellan, & establi Lieutenant general du

quod Bernardum quendam Ducem Septimaniæ in supplementum sibi sumens Camerarium
constituit, Karolumque eidem commendauit, ac secundum à se in imperio præfecit.

Notes marginales :

Rothomagensis apprime nobilis, & qui Regij Cubiculi primarius cultor esset. *Gaguinus lib.2. Nicoles Giles & Fauchet liu.3. des antiquit. ch.8.*

[a] *Aimoin.lib.3. cap.75. Fredegar. Schol.in Chronic. cap.4.Fauchet. li. 4.cap.10.*

[b] *Lib.7.cap.21. Aimoin.lib.3.c. 66.Gaguinus li.2.*

[c] *Gregor.l.7.c.18. Aimoin.li.3.c.65.*

[d] *Greg.lib.4.c.46. Fauchet li.3.c.16.*

[e] *Greg.l.7.cap.13. Aim.li.2.c.62.*

[f] *Ex epistolis Francorum Regum in corpore hist. Franc. epist.24.& 40.*

[g] *Aimoin.lib.3. cap.98.*

[h] *Adelmus Benedictinus in annal. Franc. Reg.*

[i] *anno 782. les grãdes Chroniques de France en la vie de Charlemagne. Fauchet l.6. ch.6.*

[i] *Adelm. ad annum 791. Fauchet liu.7. ch.3.*

[k] *Les grãdes Chroniques en la vie de Louys le Debonnaire.*

[l] *Adelm.ad annum 822.*

[m] *Vita Ludouici Pij incerto authore & Aimoini nomine cap.11. anno 818. & Nithardus lib.1. hist. Ad*

Roy : ce que Louys le Debonnaire fit pour obliger ce Bernard «
de contrequarrer les fecrettes menees & confpirations, que plu- «
fieurs machinoient contre fon Eftat.   «

Charles le Chauue eut pour grand Chambellan vn nommé «
Angilranus [a] qui fe voyant difgratié de la Cour par la haine «
de Richilde femme de Charles, amena en France vne armee, «
qu'auoit dreffee Louys fils du Roy de Germanie,   «

Bofon frere de l'Imperatrice Richilde femme de Charles le «
Chauue, & mary de Hermengarde fille de l'Empereur Louys II «
poffeda cet Office fous Louys le Begue, mais ayant efté creé «
Roy de Prouence par l'Empereur Charles; Theodoric [b] luy «
fucceda en fa charge. Il la conferua pendant le regne de Louys «
& Carloman enfans de Louys le Begue, qu'il fit facrer Roys de «
France apres la mort de leur pere, contre toutes les prattiques «
des Princes & Seigneurs du temps.   «

Ie n'ay peu defcouurir aucuns grands Chambellans fous les «
derniers Roys de cefte famille, dont le Regne a efté trauerfé de «
tant de malheurs, trahifons, & difgraces de Fortune, que ceux «
qui ont efcrit de ce temps-là accouftumés d'emploier leur plu- «
me aux fujets funeftes & deplorables, du changement aduenu «
en cefte Monarchie, n'ont rien laiffé de la fplendeur & gran- «
deur de ceux qui la gouuernoient. Or il faut remarquer en «
ces deux premieres lignees, qu'il nous eft impoffible de fçauoir «
de quelles maifons eftoient ces grands Chambellans, car les «
furnoms n'ont efté donnés aux familles des François que de- «
puis l'erection des fiefs hereditaires, dont la plus grande partie «
des Seigneurs prindrent leurs furnoms, ce qui commença fous «
le declin des Charliens, & s'eft prattiqué depuis pendant le re- «
gne des fucceffeurs de Capet.   «

En la famille de Hugues Capet.

C'eft en cefte famille qu'il faut faire diftinction entre le grand «
Chambellan & Chambrier, quoy que leur charge fut pareille, «
comme il fe verra en la fignature des chartes.   «

Sous Philippe premier, vn Engelran appellé gardien du Roy «
felon vn tiltre de l'Abbaie de Sainct Denis, eftoit fon grand «
Chambellan, & apres luy fut pourueu de cet office Gafton de «
Poiffy [c] qui a fouffigné à la charte de la franchife de Challo- «
fainct-Mard, octroyee à Eudes Chaftellain d'Eftampes l'an «
1095.   «

En la charte où le Roy Louys le Gros remet les foixante fols «
qu'il prenoit en vendanges fur chaque batteau venant à Paris, «
vn Guy [d] a fouffigné en qualité de grand Chambellan, & vn «
nommé Hugues [e] en celle que le mefme Roy & fon fils con- «

cederent

Notes marginales :

[a] Aimoin. l. 5. c. 32. Faucher liu. 10. chap. 6.

[b] Aimoin. li. 5. 39. Faucher liure 10. ch. 13. & 14.

[c] Adftantibus de palatio eius quorum nomina fubtitulata funt & figna. S. Hugonis dapiferi. S. Gaftonis de Piftiaco Cubicularij.

[d] Actum Parifiis publice anno incarnati verbi 1121. Regni noftri 14. Adelaidis Reginæ 7. aftantibus in palatio noftro &c. S. Guidonis Camerarij.

[e] Actum Parifiis anno 1134. Regni 27. annuente Ludouico filio noftro in regem fublimato &c. S. Hugonis Camerarij.

» cederent aux bourgeois de Paris, leur donnant pouuoir de
» faire arreſt ſur les biens de leurs crediteurs, toutesfois du Til-
» let tient que ce premier eſtoit Chambrier, nommé Guy Vale-
» rand.

»   Du Regne de Louys le Ieune ont ſouſcrit à pluſieurs char-
» tres, Renaux [a] grand Chambellan, & Matthieu Chambrier,
» que le meſme du Tillet aſſeure auoir eu ceſte dignité iuſques au
» temps qu'Vrſion en fut honoré, ſous Philippes Auguſte, qui
» auoit pour grand Chambellan vn appellé Gaultier [b], celuy-là
» meſme qui mena auec le Comte de Neuers vne armee à Acre
» contre les infidelles, & aſſiegea [c] auec luy & le Roy de Ieruſa-
» lem la ville de Damiette l'an 1218. & ce Roy Philippes fit execu-
» teur de ſon teſtament, Meſſire Barthelemy de Roye grand
» Chambrier [d].

»   Meſſire Enguelran de Coucy [e] fut grand Chambellan de
» Louys VIII. & furent ſes Chambriers Meſſires Iean de Nan-
» tueil, Gaultier de Ioigny, & quelqu'autre encor.

»   L'Epitaphe d'Alphonce Comte d'Eu, inhumé à Sainct De-
» nis, le qualifie grand Chambellan de Sainct Louys, toutesfois
» du Tillet le met entre les Chambriers, diſant que Meſſire Pier-
» re ou Perron, qui fut enterré aux pieds de ſon Maiſtre, eſtoit le
» grand Chambellan : & outre ceux-cy ie trouue en la charte
» Raymonde [f], touchant la reunion du Comté de Thoulouze
» à la couronne, vn Barthelemy qui ſigne comme tenant cet
» Office; mais ce fut au commencement du rege de ce Sainct
» Roy.

»   Pierre de la Breſche [g] ou de la Broſche fut grand Chambel-
» lan de Philippes III. & apres luy Meſſire Mahieu de Mailly,
» puis Mathieu de Montmorency [h]; Robert ſecond Duc de
» Bourgongne & Iean ſecond Comte de Dreux eſtans Cham-
» briers, dont le premier ſigna au iugé donné pour le Roy, au
» Parlement de la Touſſaincts, contre Charles Roy de Sicile, ſur
» le different de Poictiers & terre d'Auuergne.

»   Philippes le Bel eut Pierre de Chambly [i], Raoul de Neſle,
» puis Robert & Guillaume Comtes de Tancaruille; & leurs ſuc-
» ceſſeurs poſſederent cet eſtat ſous les Roys Louys Hutin, Phi-
» lippes le Long, Charles le Bel, Philippes de Valois, Iean, Char-
» les le Sage & Charles VI. tellement qu'on les appelloit vulgai-
» rement les Chambellans de Tancaruille.

»   Et pendant la domination des meſmes Roys, les Ducs de
» Bourbon furent Chambriers [k], depuis Louys qui fut premier
» Duc de Bourbon, & veſcut ſous ce Roy Philippes le Bel iuſques
» à Charles VI. ſous qui Philippes de Bourgongne, Comte de
» Neuers & Rhetel, frere de Iean Duc de Bourgongne impetra
» ceſte charge ſur le Duc Iean premier de Bourbon le vingt-troi-

C

---

[a] Fauchet liu. des dignités chap. 10.
[b] Paul Emyle l. 6.
[c] Platina in vita Henory III.
[d] Chambre des Comptes layette, Teſtaméta Regum & Reginarũ 196.
[e] Du Tillet au recueil des Roys.
[f] Actum Pariſiis anno Domini 1218 Regni vero noſtri ſecundo, adſtantibus in palatio noſtro quorum nomina & ſigna hic apponuntur. S. Roberti Buticularij. S. Bartholomæi Cubicularij. S. Mathæi Conſtabularij. Datum vacante Cancellaria.
[g] Paul. Aemyl. lib. 7. Gaguin. lib. 7. Nicoles Giles, du Haillan &c.
[h] Du Tillet ch. du Chambell. & Chambr. & au recueil des rangs des Grands de France.
[i] Du Tillet au meſme lieu.
[k] Leurs tombeaux aux Iacobins de Paris & leurs inſcriptions au Chaſteau de Moulins en font foy.

siefme Octobre 1410, à caufe qu'il fauorifoit la maifon d'Or- «
leans contre la faction de Bourgongne : mais ce Comte eftant «
mort en la iournee d'Azincourt, Meffire Iean de Chalon Prin- «
ce d'Orenge l'obtint, & quoy qu'il eut efté receu en Parlement «
le trentiefme d'Auril 1420, le Roy Charles VII. rendit cet Of- «
fice au Duc de Bourbon, tellement que fes fucceffeurs en ont «
jouy iufques à Charles dernier Duc, dont les biens ayans efté «
confifqués, le Roy François premier difpofa de cet Office en «
faueur de fon fils puifné Monfieur Charles de France, Duc «
d'Orleans, le vingt-fixiefme de Septembre ᵃ 1537, & auec luy «
mourut cet Office, reftant feul le grand Chambellan.   «

Sous Charles VII. le Seigneur de Varennes ᵇ fut grand «
Chambellan, puis Georges Seigneur de la Trimouille ᶜ, & «
en fin Iean Comte de Dunois ᵈ, que le Roy en gratifia. Car «
confiderant que les Princes du Sang euffent conceu de la ja- «
loufie fi on l'euft fait aller du pair auec eux, il luy donna ce- «
fte dignité qui le faifoit paroiftre autant que fes trauaux & «
bons feruices employez pour le bien de la Couronne, luy en «
pouuoient auoir acquis le merite.   «

Sous Louys XI. Meffire Antoine de Chafteauneuf ᵉ Sei- «
gneur du Lau tint cet Office, & Bertrand de Beauuais ᶠ fieur «
de Precigny.   «

Meffire Louys de Luxembourg Comte de Ligny le poffe- «
doit du temps de Charles VIII. & Louys XII. & apres fon «
decés, les Ducs de Longueuille l'ont conferué en leur maifon, «
iufques à Meffire François Duc de Longueuille, car apres fa «
mort il fut donné à Meffire François de Lorraine Duc de «
Guife.   «

Son fecond fils Charles de Lorraine Duc de Mayenne, l'ob- «
tint du Roy Charles IX, puis en fit demiffion le vingt-deuxief- «
me de Iuillet 1599 à tres-illuftre & tres-genereux Prince Henry «
de Lorraine Duc d'Aiguillon fon fils, & depuis Duc de Mayen- «
ne : Et par fa mort Monfeigneur le Duc de Cheureufe en a efté «
pourueu, dont les rares vertus font douter qui recoit plus de «
gloire, ou luy d'vne telle charge, ou fa charge pour eftre poffe- «
dee par vn Prince de fi grand merite.   «

Des Officiers & Domestiques de la maison du Roy establis sous le grand Chambellan.

CHAP. VII.

POVR bien faire connestre la charge du grand Chambellan, i'ay fait dessein de monstrer en ce lieu quelles personnes sont establies dessous luy, & le deuoir de leurs estats & offices, à fin que côme certains miroirs amassent & reflechissent en vn seul point toute la chaleur qui estoit espanduë &separee par tous les rayons solaires qui y tombent, ainsi nous puissions remarquer par l'assemblement des charges qui deriuent & releuent de sa grandeur, iusques où s'estendra le pouuoir de son Office. Et pour cet effet, ie rapporteray tous ceux que la Notice des deux Empires met sous la charge de celuy qui est Preposé à la chambre sacree, que nous appellerons desormais grand Châbellan, obmettant toutesfois les Maistres d'hostel, Gentilshommes seruans, Escuyers trenchans, & autres qui seruent à la table qu'elle range sous son authorité, d'autant qu'en France ceux qui sont employés en telles charges reconnoissent le grád Maistre pour leur superieur, & en ce seul point la coustume de France differe de celle de l'Empire, qui les establit ainsi que nous auons dit sous le grand Châbellan.

Sous cet Office donc estoient, le Premier [a] de la Chambre sacree, chef des Decurions ou Dizeniers ; le Comte du sacré vestement ; trois Decurions de ceux qui faisoient faire silence ; & le Comte des Maisons.

Au premier de la Chambre sacree, respond le premier Gentilhomme de la Chambre du Roy, different toutesfois en ce que son estat est perpetuel & à vie, là où celuy du premier de la chambre n'estoit qu'vne commission pour deux ans ; Honorius [b] ayant ordonné que les quatre plusanciens Decurions seroient deputés alternatiuement au premier degré de leur milice ; car ils appelloient milice toute compagnie d'Officiers. Ce chef des Decurions estoit le premier de ceux à qui l'on donnoit le tiltre de Spectacle, & les Decurions, Doyens, ou Dizeniers dont chacun commandoit à dix [c] valets de chambre, estoient comme ceux que l'on appelloit en France Chambellans [d], nommés Gentilhommes de la Chambre par François premier. La Notice de l'Empire qui manque & est deffectueuse en cet endroit, nous priue de la connoissance de ceux qui estoient sous le Premier de la Chambre, ce qui nous arrestera apres auoir dit qu'au lieu d'vn seul Premier Gentilhomme de la chambre ils sont quatre maintenant qui seruent par quar-

[a] Primicerius sacri Cubiculi, sub quo Decani plures, Comes sacræ vestis, Chartularij cubiculi tres, Comes domorum. *Notitia vtriusque Imperij.*

[b] Quatuor qui ex corpore Decanorum ad primum militiæ gradum peruenerunt biennij spatio Primiceriatus gerans officium. *in l. 1. C. de Decanis.*

[c] Decanos vocant eo quod denis sint Præpositi. *August. lib. 1. de moribus Ecclef. Cathol. c. 31. & Vegetius lib. 2. cap. 7.*

[d] *En l'Ordonnance de Charles VII. articl. 9.* Chambellans couchans lez nous.

[a] *l.1.C.Theod. qui à præb. tyr. qui sacra vesti deputati sunt. l. 3. Castrens.*
[b] *Cedrenus anno Iustiniani 12.*
[c] *Procop. lib. 1. de ædificijs Iustiniani in 1. orat.*

tier, & que le nombre ancien des Gentilshommes de la Chambre est grandement accreu depuis Henry troisiesme, qui pour enseignes de leur dignité, leur bailla la clef d'or à porter. Le Comte du sacré vestement [a] auoit l'intendance de tous les habillemens de l'Empereur, & pareille charge que le Maistre de la garderobe a en France, voire mesmes de ses ornemens, car Cedrene [b] dit que les valets de garderobe perdirent par leur negligence la couronne de l'Empereur Iustinian, lors que le feu se prist en l'Ebdome fauxbourg [c] de Constantinople, & la retrouuerent huict mois apres, entiere & auec toutes les perles. L'honneur & la grandeur de ceste dignité paroist de ce que dit le mesme autheur, que les nopces de Pierre Prince des Bulgares auec la niepce de l'Empereur Lacapenus furent accordees par l'entremise de Theophanes [d] Maistre de la garderobe : & que Leon qui auoit le mesme estat sous Basile fils de Romain, fut fait Dictateur auec souueraine puissance sur l'armee que l'on enuoya contre Sclerus.

[d] Γραπ[ο]βεστιαρίῳ Θεοφανοῦς ἐν τῷ μισολαβῦντης. Cedrenus.

Les trois Chartulaires, ou Escriuains de la Chambre, dressoient les instruments des contracts de l'Empereur, & autres choses concernant sa chambre ; particulierement leur office estoit d'expedier les breuets de ceux que le Prince vouloit promouuoir à la Magistrature, puis les ayans signés les enuoyoient au premier des Notaires, qui leur bailloit les prouisions, auec les marques & enseignes de leur dignité [e], & chaque Magistrat deuoit à ces trois Chambellans [f] neuf escus pour leur droict. A ceux-cy nous pourrions comparer les Secretaires de la chambre du Roy, qui prestent le serment au grand Chambellan ; car ils escriuoient & faisoient autresfois plusieurs expeditions, qui se font auiourd'huy par les Secretaires d'Estat, & Secretaire du cabinet, tellement que leur estat n'est plus qu'honoraire. Et bien que par Edict du Roy à present, le grand nombre des Secretaires de la Chambre ait esté reduit à cent, à qui il attribue plusieurs pouuoirs, droits & fonctions en prenant lettres & payant finance, neaumoins cet Edit est demeuré sans effet.

[e] *l. vlt. C. de offic. magist. offi. §. vlti. Nouell. 24. §. vlt. Nouel. 25.*
[f] *Nouel. 24.*
[g] *l. 1. C. de Silent. & Ammian. Marcell. lib. 10.*
[h] *Romani ad ea quæ quietis sunt in Palatio, ministrum silentiarum vocant. Procop. l. 10. de bello Persico.*
[i] *l. penult. & vlti. C. de Silent.*

Outre ceux-cy il y auoit trois autres officiers appellés Decurions [g] du Palais, commandans à ceux qui faisoient garder le silence [h] dans la Chambre, au nombre de trente, qui obeissoient au grand Chambellan [i] ainsi que font maintenant les Huissiers de la Chambre du Roy, commis au mesme seruice.

[k] *Tamiaca prædia ad familiæ alimenta destinata l. 1. & 2. C. de præd. Tam. li. 11. deputata cubiculo & cellario sacro, ideóque Præpositi sacri cubiculi mittebant in Cappadociam Canonicarios. Cuiac. in tit. de Præp. sacr. cubi.*

Le dernier des Officiers constitués sous le grand Chambellan, estoit le Comte des Maisons, appellé en l'Empire d'Orient Comte des Maisons par la Cappadoce, pour les raisons suiuantes. Les Empereurs auoient en ceste prouince leur patrimoine [k], qui consistoit en maisons & heritages, campaignes

,, chargees de bleds, coſtaux couuerts de vignes, plaines rem-
,, plies d'arbres, prés foiſonnans en paſcages, & pour cultiuer ce
,, fonds le grand Chambellan enuoyoit des perſonnes ſur qui le
,, Comte des maiſons veilloit afin d'en tirer le reuenu. Et dau-
,, tantque ce qui en proüenoit eſtoit affecté à la Chambre ſacrée,
,, & à l'entretenement de la maiſon de l'Empereur dont le grand
,, Chambellan auoit alors le gouuernement ; le Comte des mai-
,, ſons, & tous les meſtayers & receueurs de ces heritages le recon-
,, noiſſoient & luy obeiſſoient.

,, Voilà l'ordre & le rang des officiers qui eſtoient deſſous le
,, grand Chambellan de l'Empire, & au ſurplus ie trouue ᵃ qu'en
,, la Cour de Conſtantinople, il auoit encor du commandement
,, ſur des enfans qui ſeruoient en la chambre de l'Empereur, que
,, ie croy auoir eſté des enfants d'honneur & des pages, ainſi que
,, ceux de la chambre de nos Roys.

,, Or outre tous ces officiers & domeſtiques, il y en a eu en
,, France qui ont reconnu de tout temps le grand Chambellan
,, pour leur chef, comme de Maiſtre des Ceremonies, le Capitaine
,, de la Porte, & le conducteur des Ambaſſadeurs (quoy que de-
,, puis peu ces officiers facent le ſerment au Roy) le premier Me-
,, decin, le Maiſtre & gardien de la librairie & bibliotheque, &
,, les gardes des cabinets, antiques & medailles du Roy. Il eſt donc
,, facile de voir maintenant iuſques où ſ'eſtend le pouuoir du
grand Chambellan : ſi eſt-ce que nous ne laiſſerons pas d'en
diſcourir plus particulierement au prochain chapitre, où nous
verrons quelle eſt ſa charge aupres de la perſonne du Roy, &
aux ſuiuans où nous monſtrerons amplement les fonctions de
ſon office touchant l'Eſtat & le public.

En quoy conſiſte la charge de grand Chambellan
pres la perſonne du Roy.

CHAP. VIII.

YANT donc propoſé d'eſcrire en ce chapitre en
quoy conſiſte la charge du grand Chambellan touchant la perſonne du Roy ; & dautantque tous les
effets ſe rapportent à leurs cauſes ; le deuoir ſe rend
ſelon la loy, & le ſeruice reſpond au commandement ; il m'a
ſemblé bon de côſiderer l'Eſtat de nos Roys depuis ſon aduenement à la couronne iuſques à leurs funerailles, afin que nous
guidans ſelon les occurrences du train de leur vie, nous venions
plus facilement à bout de noſtre deſſein. C'eſtoit vne couſtume prattiquee des anciens lors qu'ils vouloient eſlire vn Roy,

C iij

de l'éleuer deſſus vn bouclier, & de le porter ainſi tout à l'entour de l'armee, auec des cris que l'allegreſſe tiroit de la bouche des ſuiets, & des applaudiſſemens que la joye leur faiſoit exprimer. Et de ceſte ſorte nous trouuons auoir eſté declarés Roys, Clouis [a] premier Chreſtien, lors qu'on le fit Roy des Saxons apres la mort de Siagre; Sigiſbert [b] quand il voulut vſurper l'Eſtat de Chilperic; & Gombaut [c] ſe diſant fils de Clotaire, qui tomba auec le pauoy aprés auoir fait trois tours, preſage ſiniſtre & veritable de ſa ruine prochaine. L'humeur guerriere de nos Gaulois auoit mis en vſage ceſte façon de faire, deuant que les Francs s'alliaſſent auec eux (puiſque Iulien [d] fut ainſi creé Empereur par l'armee Gauloiſe) & fut touſiours entretenue iuſques à Pepin, le premier Roy ſacré; Car quand Hincmar [e] Archeueſque de Reims parle du miracle de la Saincte Ampoulle, c'eſt au baptefme de Clouis, & non pas au couronnement. Pepin donc conſiderant le meſpris dont les François auoient vſé à l'endroit de leurs Roys naturels, & pour ſe faire d'autant plus recommander, que les autres ſ'eſtoient rendus contemptibles, ſe fit ſacrer par Boniface Archeueſque de Mayenne [f], & depuis par Eſtienne Pape, afin qu'on luy deferaſt d'auantage qu'à ſes deuanciers, & qu'il fuſt reueré comme l'oingt du Seigneur. Depuis ce temps-là, "
on a touſiours obſerué iuſques à preſent, que le iour du Sacre "
du Roy, le grand Chambellan prend le ſoin de faire tenir ſa "
chambre fermee, attendant que les Pairs & Seigneurs y vien- "
nent frapper; où eſtans arriués il leur demande ce qu'ils cher- "
chent; & eux reſpondans, Noſtre Roy, il ouure la porte affin "
qu'ils l'aillent querir, pour le conduire en l'Egliſe. Arriué qu'il "
y eſt, le grand Chambellan ſe preſente le premier pour rece- "
uoir les botines Royales que l'Abbé de Sainct Denis luy met en "
main, afin de les chauſſer au Roy, & à luy ſeul appartient de "
luy veſtir la Dalmatique de bleu azuré, & par deſſus le manteau "
Royal, les oraiſons eſtans acheuees. "

En toutes autres ceremonies Royales, il a touſiours la preſ- "
ſeance [g]: car ſ'il porte la banniere de France, il eſt entre le grand "
Maiſtre qui tient ſon baſton, & le grand Eſcuyer qui porte "
l'eſpee, & partant occupe la place d'honneur: ſinon il doit ſui- "
ure le Roy de pres, comme aux entrees de ville il eſt à ſa main "
droitte, & la teſte de ſon cheual vis à vis de la iambe droitte du "
Roy, & aux ceremonies à pied il marche vn peu derriere & à ſa "
main droitte. "

Quand le Roy tient ſon lict de Iuſtice en ſes Cours de Parle- "
ment [h], il a ſeance à ſes pieds ſur vn carreau de velours violet "
couuert de fleurs de Lys d'or, qui eſt vn lieu tres-honorable: & "
l'on void à Sainct Denis, que le grand Chambellan de noſtre "

,, Sainct Louys fut inhumé aux pieds du Roy son maistre, en la
,, mesme sorte qu'il estoit à ses pieds en son viuant, prix le plus
,, glorieux dont l'on eust peu recompenser sa fidelité tant louee
,, par le Sieur de Ioinuille.
,, Il couchoit anciennement en la Chambre du Roy, quand la
,, Royne n'y estoit point, & lors qu'il couche chés le Roy, tous
,, les matins vn Vallet de Chambre le doit aller aduertir quand le
,, Roy est esueillé, afin qu'il luy presente sa chemise, & robe de
,, nuict ; honneur qu'il ne deffere qu'aux enfans de France, & Pre-
,, mier Prince du sang.
,, Aux grands hommages que l'on rendoit au Roy, le grand
,, Chambellan parloit pour luy, & faisoit faire aux seigneurs les
,, protestations de leur fidelité, & du deuoir de l'hommage, ainsi
,, que nous verrons plus amplement cy-apres.
,, Il auoit l'œil à ce que ceux qui estoient sous sa charge [a] feis-
,, sent nettoyer & tapisser magnifiquement le palais Royal, pris-
,, sent garde aux habillemens du Roy, donnassent ordre que son
,, lict fut honnestement & richement paré, son linge bien blanc,
,, & les meubles bien polis : Et ce soin luy estoit commun auec la
,, Royne qui en prenoit souuent la connoissance [b], conferant
,, mesmes auec luy pour les gages & recompenses des valets de
,, chambre, & des soldats, que ie croy auoir esté ceux de la por-
,, te, car dés le temps de Louys le Begue [c], le grand Chambellan
,, estoit Capitaine des gardes de la porte, comme il est encor en
,, Polongne.
,, Lors que des Ambassadeurs ou quelques grands Princes
,, arriuoient à la Cour, il disposoit des presens qu'il leur falloit
,, offrir, & luy seul en ordonnoit [d], si d'aduanture ils n'estoient
,, si rares & de si haut prix, que le Roy luy commandast d'en com-
,, muniquer & prendre aduis de la Royne. Car la liberalité de
,, nos Roys a tousiours esté grande, si bien que quand l'Empe-
,, reur Venceslaus [e] vint en France, le Roy à son depart luy fit
,, present de toute la vaisselle d'or & d'argent dont on l'auoit
,, seruy, & des tapisseries que l'on auoit tendues en sa salle,
,, & en sa chambre, estimees à deux cents mille florins, qui
,, estoit vne excessiue somme en ce temps-là, outre les grands
,, dons qu'il fit aux Seigeurs d'Allemagne. Mais pour nous re-
,, cueillir, l'on reconnoit en l'Empire de Turquie vne marque de
,, ceste charge du grand Chambellan, en ce que Solyman despes-
,, cha Hascen [f] Isaga son grand Chambellan, vers Tahmas
,, Roy de Perse, pour traitter du present qu'on luy deuoit don-
,, ner, en recompense des fraiz qu'il auoit faits à cause de Bajazet
,, son fils.

[a] Conseruare domum, san-ctúmque intra-re cubile, Internas muni-re fores, vestés-que parare. *Corippus Africa. lib. 3. in laudem Iusti-ni minoris.*

[b] De honestate Palatij, seu spe-cialiter de orna-mento Regali nec non de do-nis annuis mili-tum, ad Reginã præcipue & sub ipsa ad Camera-rium pertinebat *Adhalardus in ordine sacri Pala-tij, apud Hinem. ep. 2. cap. 22.*

[c] Carolus autem filio suo Ludo-uico, Beusonem fratrem vxoris eius, Camerariũ & Ostiariorum magistrum con-stituit. *Aimoin. lib. 5. cap. 27. Le plaidoyé de la cau-se de I. Ieunet fait l'an 1404. le 6. Mars les range en-cor sous luy. Du Tillet chap. du grand Chambel.*

[d] De donis verò legationum di-uersarum ad Ca-merarium aspi-ciebat, nisi forte iubente Rege tale aliquid esset quod Reginæ ad tractandum cum ipso con-

gruet. *Adhalardus.* [e] *La Chronique additionnee à Monstrelet.* [f] *Baudier liure 12. de son histoire, chap. dernier, & l'Autheur de la continuation de l'histoire de Calcocondyle liu. 4.*

ᵃ Ita Æginard. in vita Caroli Magni. Inter cœnandum aut aliquod acroama aut lectorem audiebat, legebantur ei historiæ & antiquorum Regū gesta.
ᵇ Fauchet l. 1. des dignit. chap. 11. ce qu il a tiré d'vne vieille Chronique.

Nous lisons qu'aux iours des festes celebres, lors que nos Roys & Roynes prenoient anciennement leurs vestemens Royaux, on auoit coustume pendant leur repas de lire quelques histoires & faits heroiques des Princes ᵃ: & que du temps que regnoit Charles VI, le Comte de Tancaruille son grand Chambellan estoit emploié à cet office ᵇ: ce qui me fait croire, que de là est deriué le pouuoir que le grand Chambellan a de commettre vn Lecteur pour entretenir le Roy aux bonnes lettres & histoires, dont la probité luy doit estre connue puis qu'il en doit respondre, ainsi qu'on trouue aux anciens statuts des Libraires.

L'on se pourroit estendre d'auantage sur les fonctions de ce grand office, mais nous reseruons à la suite de ce discours, d'escrire sa charge en ce qui regarde l'Estat, pour dire en vn mot les derniers seruices que les grands Chambellans rendent aux Roys leurs Maistres. A sçauoir que comme ils ont l'honneur d'approcher le plus pres de leurs personnes sacrees durant leur vie, aussi quand la Nature a exigé d'eux son tribut ils enseuelissent leurs corps, accompagnés des Gentilshommes de la Chambre, puis donnent l'ordre de la pompe funebre en leurs obseques, & tout ioignant l'effigie du Roy, portent au conuoy la banniere de France.

Que le grand Chambellan auoit anciennement la garde du thresor du Roy.

CHAP. IX.

ᶜ Strabo & Diod. Sicul. lib. 18. ᵈ Philostrat. lib. 2. Iconum & Artemidor. l. 3. c. 11. ᵉ Plutarch. quæst. Rom.

ᶠ De thesauris suis atque pecunia quæ in illa die in Camera eius inuenta est &c. Hac igitur intentione atq; proposito omnem suppellectilem atq; substantiam suam tam in auro quā

SI les Roys de Perse tenoient leurs thresors en la ville de Persepolis ᶜ, comme la plus forte & la mieux munitionnee de leur Royaume; les Grecs faisoient peindre des Dragons ᵈ deuant les lieux où ils les coseruoient, pour tesmoigner la vigilance & le soin qu'ils en auoient; & les Romains les mettoient au temple de Saturne ᵉ, afin que la reuerence & saincteté en destournast le larcin & la pillerie: nos anciens Roys ne pouuoient élire vn lieu plus propre à la conseruation de leurs richesses que leur maison, veu qu'aucune de ces trois conditions n'y peut estre desiree. Aussi nous est-il facile de tirer des histoires qu'ils se sont ainsi gouuernés, puisque dans le sommaire de la derniere volonté de Charlemagne ᶠ nous trouuons qu'il disposa de tous les thresors qui estoient alors dans sa chambre, & diuisa tout son bien qui estoit en or, argent, perles & ornemens Royaux dans ladite chambre, en trois parties; l'vne pour ses enfans & neueux,

l'autre

l'autre pour les Eglifes de fes cités Metropolitaines, & la troi-
fieme pour fes feruiteurs & pour les pauures. Or il faut croire
que le grand Chambellan qui auoit l'intendance fur tout ce qui
eftoit dans le chambre du Roy, tenoit en fa garde fes threfors:
ce qui occafionna Fredegonde, quand elle accufa Euroul [a]
Chambellan de Chilperic d'auoir tué fon Maiftre (pour faire
tomber deffus luy la vengeance du crime qu'elle & Landry
auoient commis) de le charger auffi à tort d'auoir pris des
threfors du Roy deuant que de fe retirer en Touraine. Et vn de
nos hiftoriens [b] que i'employe fouuent pour m'authorifer fça-
chant que rien n'eft efchappé de fa curiofité dit là deffus, que
iufques au temps de Capet & de fes enfans, le grand Chambellan de France eftoit auffi threforier gardant l'argent des Roys,
& que pour fon droit de recepte [c] il auoit la dixiefme partie de
ce qui venoit au Roy, en quoy nous voyons la grande efpargne
de ce temps là, veu qu'au iourd'huy les gages des officiers & financiers eftans payees, vn Efcu eft reduit à moins du quart aux
coffres du Roy. Tous les Romans [d] efcrits du temps de Louys
le Ieune, Philippes Augufte, & autres Roys prochains, anne-
xent cefte charge à l'eftat de grand Chambellan, & l'on en void
encores vne marque aux grandes Abbayes qni obferuent les
couftumes anciennes, où le Chambrier reçoit le reuenu comme threforier. Auffi en la Cour de Rome [e] la fonction du grand
Chambellan appellé Camerlingo n'expire point par la mort
du Pape, comme fait le pouuoir de tous les autres officiers, afin
que le reuenu temporel dont il fait recepte [f] & eft threforier,
ne deperiffe point eftant negligé: & fi pendant la vaccance du
Sainct Siege, la mort du grand Chambellan [g] arriue, le Con-
claue pour la neceffité de cet officier en peut élire vn autre. Il y
a bien de l'apparence que le grand Chambellan d'Efcoce eftoit
auffi threforier du Roy : Car l'an 1261 Florence Comte de Hol-
lande, & plufieurs autres Seigneurs pretendans droit au Royaume d'Efcoce, pafferent vn compromis, par lequel ils remetoient
la decifion de leur differend à l'arbitrage de Edouard I. Roy
d'Angleterre, & en attendant le iugement, les parties confen-
tirent que le reuenu du Royaume feroit mis en fequeftre entre
les mains du Chambellan [h] d'Efcoce. Quelques vns [i] remar-
quent que fous la derniere race de nos Roys, il y a eu certains
fiefs de reuenue, qui ne confiftoient point en terres ou offices,
mais en vne fomme que le Prince affignoit fur fon domaine, &

Marginal notes:

in argéto gem-mifque & orna-tu Regio quæ vt dictum eft il-la die in Came-ra eius inueniri poterat, &c. *apud Eginhart. in vita Car. Mag.*

[a] Ad feruit Re-gina ab eodem Eberulpho principe inter-fectum ipfum-que multa de thefauris abftu-liffe, & fic in Tu-ronicû abfcef-fiffe. *Greg. Turon. l. 7. c. 21.*

[b] *Fauchet des Antiq. Franç. liu. 4. ch. 8.*

[c] *Le mefme au li-ure de l'orig. des dign. ch. 11.* Car au Roman de Graal que Mef-fire Robert de Dourron tranf-lata en François ou Roman (ie croy enuiron 1150. par le com-mandement de faincte Eglife eft dit aux Prophe-ties de Merlin que, Ay cheu temps eftoit couftume que li Camberlent auoyent la dif-me partie de che qui venoit à la bourfe de les Seignor.

[d] *Huon de Meri dit au tournoye-ment d'Ante-chrift,* Ie fuis Chambellan d'Antechrift, Ie gard fon or &

---

fon argent. [e] *Chaffanaus 4. part. Catal. glor. mundi.* Et duabus rationibus non expirat eius officium morte Papæ, prima vt non negligantur redditus temporales ad Romanam fedem pertinentes fine quibus diu fpiritualia effe nequeunt, &c. [f] Ecclefiæ Patrimonio fifcoque præeft. *Cap. ad Audientiam de præfcript. & in Clement. ne Romani de electione.* [g] *in Clemen. cap. 2. §. eo tamen, de electione & electi poteftate.* [h] *Les mots du compromis font in Mathæo Vueftmonafterienfi in flore hiftoriarum.* Et que les iffues de mefme la terre (*id eft Regni redditus*)en le fouftenus receus(*id. in interregno*) foyent fauuement mis en depos & bien gardez, par le main le Chaumberleyn d'Efcoce que ore eft. [i] *Froiffard & du Tillet chap. des Gouuern. & Lieuten.*

celuy qui le prenoit deuenoit son homme, ainsi que Gaultier «
de Limoges qui fit hommage à Philippes de Valois pour deux «
cens liures de rente à vie, constituees sur le thresor du Roy, & «
cinq cens liutes vne fois payees, à cause de quoy il s'obligeoit «
de le seruir auec vingt hommes d'armes: & ce sont ces fiefs «
que l'on appelle en Italie fiefs de la Chambre ª, d'autant qu'ils «
sont assignés sur le thresor qui est au maniement du Cham- «
brier. Ie croy que les guerres des Anglois, qui ont obligé nos «
Roys de seiourner tantost en vn lieu & quelquesfois en l'autre, «
& apporté tant de changement à l'ancien gouuernement de «
l'Estat, ont aussi donné lieu à la separation de ceste charge d'auec «
l'office de grand Chábellan; & que les Seigneurs qui en estoient «
pouruecs estans contraints de suiure leur Roy en tous lieux, se «
démirent de la charge de Thresorier, entre les mains d'autres per- «
sonnes que la suite des temps y a maintenus, leur en conseruant «
iusques à present la possession. Neantmoins cóme il est presque «
impossible de sapper si profondement les grands edifices, qu'il «
n'en reste tousiours des marques & des vestiges; & ainsi qu'il n'y «
a point de nuict tant obscure, qu'en quelque partie du Ciel, l'es- «
clat & l'estincelle des astres ne perce les tenebres; de mesme l'on «
n'a peu faire en sorte que la charge de Thresorier des menus plai- «
sirs du Roy, ne soit tousiours demeuree coniointe & vnie à celle «
de grand Chambellan:& lors que nos Rois en ont disposé en fa- «
ueur d'autres personnes, c'est qu'ils n'ont pas voulu employer «
leurs grands Chambellans à des choses de peu de consequence. «
Et qu'il ne soit ainsi, nous trouuons que les Chambellans infe- «
rieurs, qui sont auiourd'huy les Gentils-hommes de la Chambre, «
portoient l'argent des liberalités, ᵇ dons & offrandes ᶜ que le «
Roy faisoit à la Messe; charge qu'ils auoient par commission du «
grand Chambellan. En suite dequoy ie n'oublieray le pieux & «
deuot office du Camerlingo, ᵈ touchant l'administration des vi- «
ures aux pauures, qui est vne raison outre la precedente pourquoy son office luy demeure apres la mort du Pape, pour empescher qu'en attendant l'élection d'vn nouueau, la faim & la misere ne les accable à faute de quelcun qui subuienne à leurs neces-
sités. Les Diacres & Sousdiacres vaquoient à ceste charge en l'E-
glise naissante, estans pour cet effet depositaires des thresors de
l'Eglise, ainsi que S. Laurés ᵉ qui les distribua aux pauures, nonob-
stát les menaces de l'Empereur qui les demandoit; de crainte qu'il
n'en détournast l'vsage à des œuures impies & prophanes. Ce qui
me fait adiouster foy à ce qu'estiment quelques ᶠ vns, que le Camerlingo a succedé à la dignité & à la charge d'Archidiacre,
qui fut esteinte sous le Pape Gregoire septiesme.

Notes marginales :

ª In ciuitate Padua vbi est locus qui appellatur Camera, ad quã est deputatus officialis quiCamerarius appellatur, cuius officium est colligere & distribuere omnes introitus ciuitatis. *Rebuffus in declar. Feud.*

ᵇ *En l'enqueste manuscrite de la canonisatió de S. Louys,* Lors le Roy cómáda à vn Cháberlád, qu'ó luy dónast argét, &c.

ᶜ *Fauchet des dig. ch. 11.* Le Roman de Doon de Nátueil.
Li Camberlans le Roy qu'en auoit le mestier.
Apporta au Seigneur trois offrádes d'ormier.
Ce furent trois besans c'est offráde à Princier.

ᵈ *Chassan. 4. part. Catal. glor. mundi.* Et ad officiú Camerarij pertinet temporalia pauperibᵘˢ erogare, *glo. in Clem. neRomani versic. eo tamé, et vt habet 89. distinct. c. pasce, vt tenet Zabarella in dicto versiculo.*

ᵉ Claustris sacrorú præerat, Cœlestis arcanú domus Fidis gubernás clauibus Votasque dispensans opes. *Prudentius, Peristephanon.*

ᶠ Camerarius à Camera, vox est recens inuenta, Archidiaconi enim officio Gregorii septimi carum quæ in Cameris conseruabantur curam gereret, ita appellatus est. *Papæ extincto in eius locum successit Camerarius, qui quod pecuniarum Ecclesiasticarum quæ in Cameris conseruabantur curam gereret, ita appellatus est. Onuphrius in interpretatione vocum obscuriorum, in verbo Camerarius.*

Que le meuble precieux du Roy & ses ornemens Royaux sont en la garde du grand Chambellan.

CHAP.   X.

„ D'Avtant que les thresors de nos Roys anciés ne con-
„ sistoient point seulement en or & argent monnoyé,
„ mais aussi en autre meuble precieux, ainsi que nous
„ lisons de Charlemagne, [a] qui auoit dans son thresor
„ trois tables d'argent, dont l'vne contenoit la description de Cō-
„ stantinoble, l'autre de Rome, & la troisiesme la charte Geogra-
„ phique de tout l'Vniuers, outre vne autre table d'inestimable va-
„ leur, & plusieurs perles precieuses: il est certain selon le discours
„ du chapitre precedent, & par ordonnances [b] confirmatiues des
„ droits du grand Chambellan, qu'autre que luy n'en peut preten-
„ dre la garde & l'intendance. Sa charge s'estend encores sur tous
„ autres meubles de la chambre, cabinets & garderobe du Roy,
„ [c] soit des tapisseries, pierreries, liures, armes, tableaux, habillemés,
„ & toute sorte d'hardes, commettant des personnes pour y auoir
„ l'œil, & en respondre selon les occurrences, comme firent les va-
„ lets de chambre de Louys le Debonnaire, [d] lors que proche de la
„ mort il leur commanda de dresser vn estat de ses meubles, afin
„ d'en exercer sa charité enuers les pauures, sa pieté & deuotion
„ aux Eglises, & sa liberalité à l'endroit de ses seruiteurs. Or si les
„ Romains reueroient auec tant d'honneur les Vestales, pource
„ que la conseruation du plus singulier ornemét de la Nature qui
„ est le feu estoit confié à leur vigilance; la charge du grand Cham-
„ bellan est pareillement fort recommandable, veu que les orne-
„ mens Royaux, riches marques de la grandeur de nos Monarques,
„ sont resserrés soubs la clef de sa fidelité. Car combien que nous
„ trouuions en la vie de sainct Louys [e] que l'espee, la couronne, le
„ sceptre, & les autres ornemens Royaux estoient gardés en l'Egli-
„ se de S. Denys, cela s'entend de ceux dont nos Roys se seruoient
„ vne seule fois (& ce le iour de leur Sacre) mais il est certain qu'aux
„ grandes Festes, [f] & lors qu'ils tenoient leur lict de Iustice, ils por-
„ toient leurs ornemens Royaux, estans vestus comme nous les
„ voyons dépeints aux grands sceaux de France, & que le grand
„ Chambellan a tousiours eu la garde de ces ornemens. [g] Occa-
„ sion que quand Louys le Begue enuoya sa couronne & ses au-
„ tres ornemens Royaux à son fils, ceux qui les portoient n'ayans
„ peu s'acquiter de leur commission pour auoir rebroussé chemin
„ à cause du trespas de leur Roy, les déposerent entre les mains de
„ Theodoric son grand Chambellan, [h] à cause comme i'ay dit,
„ que leur conseruation dépendoit entierement de son office. Ie

[a] *Vide Æginard. in vita Car. Mag.*
[b] *Par ordōnāces de Louys le Ieune & Philippes Auguste.*
[c] *Par Edict de Charles 6.*
[d] Iussit eidē venerabili Drogoni fratri vt ministros Cameræ suæ ante se venire faceret, & ré quæ cōstabat in ornamentis Regalibus, scilicet coronis & armis, vasis, libris, sacerdotalibusq; vestibus per singula describit iuberet. *Incertus auth. qui Aimoin. nomine legitur ad annum* 841.
[e] Seruatur illa spata cū corona & sceptro Regali & cum cæteris Regalib. ornamétis, huiusmodi solénitati aptis, in Ecclesia B. Dionysij in Frācia, quæ tenétur monachi illius Ecclesiæ vbicumq; Reges Frāciæ coronati sunt facere deportare. *in vita sancti Ludo.*
[f] *Ægin. in vita Car. Mag. & Annal. incert. auth. de Karol. Caluo.*
[g] *Apud Ægin.* ornatus Regius est in Camera Regis. *& apud incert. author. supra relatum* ornamenta Regalia describunt ministri Cameræ.
[h] Audientes antē Odo, Albuinus, illum esse defūctū, ornaméta quæ por-

ne sçaurois en lieu plus conuenable faire vne digression pour passer à la recherche de l'ancienneté des ornemens Royaux, où ie me sens poussé d'autant plus grande affection, que peu de personnes ont traité ce suiet.

Des Ornemens Royaux.

Comme c'est vne chose certaine que les premiers Monarques, qui ont esté (s'il faut ainsi dire) les instrumens & artisans de leur propre grandeur, se sont tirés de la masse & du corps du peuple, pour luy seruir de chef, & former la côduite de ses actiôs; il est aussi grandement croyable, que pour differer du vulgaire, & se faire reconnoistre de ceux qui leur obeissoient, ils ont pris certaines marques que leurs successeurs mettans en vsage ont fait passer iusques à la posterité. Ce qui fait que nous deuons rapporter l'origine des ornemés Royaux, à la naissance des Monarchies, veu mesmes qu'Homere [a] n'en sçachant aucune autre particularité, & dépeignant cet ancien Minos qui donne la loy aux infernaux, luy met vn sceptre d'or en main, pour marque de sa Royauté. Or d'autant que tous les peuples n'ont pas les mœurs ny les humeurs semblables, les Monarques des diuerses Prouinces, ont eu quelques particuliers ornemens, appellés des Grecs [b] marques de la Principauté ou Souueraineté, des Latins enseignes Royales, [d] & de nous ornemens Royaux: comme le Diademe [c] & les brasselets entre les Roys d'Israël, les faisceaux & haches, couronnes d'or, sieges d'Iuoire, & autres choses semblables chez les Romains; [e] la Tiare droite des Perses, [f] leur robe appellee Candys teinte de pourpre Phenicien (car celles des suiets n'estoient point colorees du pourpre marin) [g] auec leur sceptre d'or; [h] & ceux que nos Roys de France ont de toute ancienneté, la Couronne à sçauoir, le Sceptre, l'Anneau, la Main de Iustice & le Manteau.

De la Couronne.

La Couronne est de l'inuention de Ianus, [i] ou de Bacchus [k] selon d'autres (mais ces deux ne sont que nostre Patriarche Noé) qui le premier se couronna de lierre, voulant donner des festons à ses victoires, quoy que plusieurs estimét qu'il en vsa pour reprimer & rabbattre par la froideur de ceste plante, les vapeurs du vin nuisibles au cerueau. [l] Peu de temps apres les Sacrificateurs en ornerent leurs victimes, & l'vsage en passa aux combats sacrés, pour seruir de prix à la gloire, & de loyer aux actions penibles & laborieuses. Car aux ieux Olympiques dediez à Iupiter, l'on donnoit aux victorieux vne couronne d'Oliuier [m] sauuage,

tauerant, Theodorico Camerario dederunt. *Æim. l. 5. cap. 39.*

[a] *Homerus Odys. δ.*

[b] σύμβολα τῆς ἡγεμονίας.

[c] Messapus Regem, regisque insigne ferenté. *Virg. 11. Æneid.*

[d] Tuli diadema quod erat in capite eius, & armillam de brachio eius. *2. Reg. c. 1.*

[e] *Polyd. de inuent. lib. 2. c. 3.*

[f] *Aristoph. schol. in Oprian. Seneca. de Benef. lib. 6. cap. 31.*

[g] ὁ μὲν Βασίλειος Κάνδυς ἀλιπόρφυρος· ὁ δὲ τῶν ἄλλων πορφυροῦ. *Pollux lib. 7. Onomastic. cap. 13.*

[h] *Xenoph. lib. 8. Cyrop.*

[i] *Athenæus lib. 15.*

[k] *Polyd. de inuent. lib. 2. cap. 17.*

[l] *Plutarch. Sympos. l. 3. c. 1.*

[m] *Aristoph. in pluto.*

aux Pithiens inftitués en l'honneur d'Apollon, [a] ils eftoient couronnés de Laurier enlacé auec des branches & des pommes cueillies au temple de ce Dieu ; aux Iftmiaques dreffés pour Palemon, [b] ils en receuoient vne de Pin ; & vne autre d'Ache verte [c] en memoire de l'enfant Archemore, aux ieux & combats Nemeans. Et lors que Xerxes trainant cet orage de deux millions d'hommes euft pris pied dans la Grece, il s'enquit de ceux qui fe venoient rendre à luy quel affaire tenoit les Grecs occupés ; [d] à quoy ils refpondirent qu'ils celebroient les ieux Olympiques, & prenoient le plaifir de voir les combats : puis demádant quel prix eftoit propofé au vainqueur, & eux ayans dit que c'eftoit vne Couronne d'Oliuier, & rien plus que l'hôneur qu'ils en remportoient, Tritatechmes fils d'Artabanus s'efcria auffi toft : O Mardonius contre quelles gens nous veux-tu mener, qui ne combattent point pour or, ny pour argent, mais que la feule vertu anime & excite aux actes genereux ! De ces ieux de prix elles vindrét aux victoires & triomphes des guerres, où l'on recompenfoit vn chacun felon la grandeur & le merite du fait dont il eftoit venu à bout, & principalement entre les Romains. [e] Car quand le chef auoit deliuré fa ville d'vn fiege, ou de quelque autre peril eminent, on luy treffoit vne couronne de l'herbe qui croiffoit dans la mefme place qu'il auoit defendue & garantie : le citoyen en donnoit vne de chefne au citoyen qui luy auoit fauué la vie, pour tefmoignage de fon falut : celuy qui montoit le premier à l'efcalade, ou gaignoit la brefche, en remportoit vne faitte de creneaux : le triomphateur en portoit de Laurier, & en donnoit on d'autres felon les diuerfes actions que l'on faifoit en guerre. Mais toutes ces guirlandes tenoient autant du Diademe, que de la Couronne ; & à la verité ie n'ay point veu de medailles Grecques où les Roys & Chefs d'armees euffent la Couronne, mais le feul Diademe ; laiffans celle-là aux Dieux qui la portoient rayonnee, & auoient auffi indifferemment des diademes & couronnes de fueilles. Il fe trouue vne medaille de Tigranes Roy d'Armenie où il porte la cidaris, & l'on void des pierres grauees du Philofophe Empedocle reueftu d'habits Royaux, auec la cidaris en tefte femee d'eftoilles, & la couronne de Laurier au deffus, d'où l'on peut connoiftre en quoy differe la cidaris d'auec le Diademe, veu que celle-là eft faitte en Cone, & prefque comme le bonnet des Ducs de Venife, là où le Diademe n'eft qu'vn fimple bandeau. Or que ce Diademe foit vn vray ornement Royal, nous l'apprenons de ce qui aduint à Lyfimaque, [f] lors qu'Alexandre defcendant de cheual luy perça le front de fon iauelot, car ne fe trouuant rien pour refferrer la playe, Alexandre prit fon Diademe, dont il lia le front de Lyfimaque, ce qui fut vn augure veritable

Notes marginales :
[a] Ouid. lib. 1. Metam.
[b] Paufanias, in Arcad.
[c] Plutarch. in Arato. Titus Liuius lib. 34.
[d] Herodot. in Vrania.
[e] Vide Aulum Gell. lib. 5. c. 6. Plin. lib. 8. cap. 5. & lib. 22. cap. 3. & alios.
[f] Iuftinus lib. 15.

de sa Royauté future. Toutes les medailles des Roys de Rome ont le Diademe, parce que la couronne d'or n'a point esté en vsage en ceste nation, ny ie ne trouue pas mesmes dans les autheurs anciens que le Diademe ait esté porté par les Empereurs, que depuis les douze Cesars ; & si Domitian [a] a mis la couronne sur sa teste, comme on lit en sa vie, c'estoit pour presider aux jeux de la course des ieunes pucelles, ou selon la coustume pratiquee en tels jeux il la pouuoit porter. A la verité il y a des medailles des Triumvirs où l'on void des Diademes, mais elles ont esté frappees en Grece, & particulierement de Marc Antoine, qui a aussi vne couronne rayonnee sur son chef ; car la flaterie des Grecs le déguisoit en Apollon, & les Egyptiens en Bacchus, & Iupiter Ammon, ainsi qu'il paroist aux marques & inscriptions des pieces, & partant ils le couronnoient comme vne Diuinité. C'est pourquoy il y a de ces couronnes en quelques vnes de Iules Cesar, d'Auguste, & d'autres, qui furent battues apres leur mort, puisque le titre de Diuin y est, qui ne se donnoit qu'apres l'Apotheose. Quelques Empereurs prindrent la couronne apres les douze Cesars, mais non pas tous, & le premier qui porta le Diademe fut selon quelques vns Constantin [b] le grand (quoy que d'autres tiennent que ç'a esté Caligula [c], qui toutesfois ne fut point suiuy en cela de personne) qui l'embellit & l'orna de pierres precieuses, & dressa la planche à ses successeurs pour passer à ceste mesme grandeur. De là en auant l'vsage des couronnes fut receu de tous les Empereurs, & en prindrent aussi ceux qui estoient designés Augustes, appellés au commencement de l'Empire, Princes de la Ieunesse, ou Cesars nommés, & auiourd'huy Roys des Romains: Car quand nostre premier Roy Chrestien fut eleu Consul, & nommé Auguste [d] par l'Empereur Anastase, il en prit les ornemens à Sainct Martin de Tours, qui estoient vne robe de pourpre, & vne couronne d'or. Mais d'autant qu'il ne se remarque point que les autres Roys François eussent eu des couronnes auant Clouis, il y a de l'apparence que ses sujets luy persuaderent d'en porter non seulement entant qu'Auguste, mais aussi comme Roy : si bien que consentant à leurs persuasions, & principalement de Sainct Remy l'vn de ses meilleurs conseillers, il enuoya vne couronne Royale [e] en l'Eglise de Sainct Pierre de Rome, afin qu'il tint sa couronne comme son Royaume de Dieu seul, & non de la faueur des Empereurs. Occasion qu'au sacre du Roy, le seul Archeuesque de Reims pose la couronne sur sa teste, & tous les Pairs la soustiennent. Depuis ce Roy, tous ses successeurs ont continué à la porter pour enseigne de leur Majesté, & quelques vns en ont eu de fleuronnees, les autres de fleurdelisees, ainsi que l'on peut voir en leurs sepulchres:

[a] Suetonius in vita cap. 4.

[b] Ita censet Cedrenus in vita.
[c] Primus diademate capiti imposito Dominũ se iussit appellari. Aurelius Victor in Epitome.
[d] Tunica blattea indutus Rex in Basilica beati Martini, corona aurea in capite suo. &c. Ab ea die tanquam Consul & Augustus est appellatus Anonymus Epitomista de gest. Francor. cap. 17. in corpor. Hist. Franc.
[e] Clodoueus direxit ad B. Petri limina, hortatu summi praesulis Remigij, Regiae dignitatis aureã coronam gemmis preciosissimis insignitam. &c. sciens se à Christo solio Regni esse donatum. Aimoin. lib 2. cap. 14.

Mais il ne s'en trouue point de fermee par haut iusques à Charles VIII, & depuis luy nos Roys l'ont tousiours gardee comme estans Empereurs en leur Royaume. Ie ne parleray point de celles des Ducs, Marquis & Comtes, & obmets aussi beaucoup d'autres choses sur ce sujet, pour me recueillir & ranger sous le sceptre, second ornement de la Royauté.

Du Sceptre.

Ie croirois que la bienseance l'eust mis en la main des premiers Roys, ou bien qu'ils vouloient imiter les diuinités du paganisme, veu que le foudre donné à Iupiter, le Caducee de Mercure, le Thyrse de Bacchus, le Trident de Neptune, & la Lance de Pallas sont autant de sceptres & marques de leur authorité: mais les sceptres ont vne autre origine, & n'ont pas esté de tout temps tels que nous les voyons maintenant. Car au commencement c'estoient des hastes & longs-bois, que peu à peu les chefs d'armees faisans enrichir de clouds d'or & d'argent changerent en ornemens, si bien que du temps de Romulus & deuant luy, les Roys [a] portoient de ces longs-bois pour enseignes de Royauté, n'ayans encor le diademe en vsage. C'est pourquoy les Cheronenses entre les Dieux qu'ils adoroient, mettoient le sceptre que Vulcan auoit forgé à Iupiter, & l'appelloient haste [b], lance, ou jaueline. Ce qui fit coniecturer à ceux qui aduiserent vn Aigle sur le bouclier de Hieron [c] fils de Hieroclytus en la premiere guerre où il fut, & vn Hibou sur sa lance, qu'il seroit prompt à la main, rusé en conseils, & Roy à l'aduenir: veu mesmes que Romulus premier Roy des Romains auoit esté nommé Quirin [d], de Curis, qui signifioit entre les Sabins, lance ou picque; & dont Iunon qui d'entre les Deesses preside aux Royaumes, a esté aussi appellee Curite [e], comme pareillement l'on a donné de ces longs-bois à la plus part de ses statues. Il y a vn exemple dans nostre histoire qui viendra fort à propos sur ce suiet, à sçauoir que Gontran Roy d'Orleans n'ayant point d'enfans pour luy succeder, mit en la main de Childebert [f] son neueu vne lance (d'où peut venir le prouerbe Tomber de lance en quenouille) & luy dit; cela te soit vne marque de la donation que ie te fais de mon Royaume, va en toutes mes villes, & fais-toy rendre l'obeissance qu'elles doiuent à leur Roy. Tous les Roys ont donc porté le Sceptre, mais l'estoffe en a esté changee auec la figure; car les Romains l'ont porté d'Iuoire [g], & semblable à ceux que le Senat enuoyoit aux Roys leurs confederés: En Perse il estoit d'or, puisque Cyrus [h] mourant disoit à ses enfans, que le sceptre d'or n'estoit pas ce qui conseruoit le Royaume, mais que la fidelité des sujets

[a] Per ea adhuc tempora Reges hastas pro diademate habebāt quas Græci sceptra dixere. *Iustinus lib. 43. Euripid. in Hecuba* λαὸν ὀιθύναν δοεὶ, *vbi hasta sceptrum intellige.*

[b] *Pausa. in Beotic.* τῦτ᾽ ἠν τὸ σκῆπρον οἴσναν, δόρυ ὀνομά-ζοντς.

[c] *Iustinus lib. 23.*

[d] Siue quod hasta Curis priscis est dicta Sabinis. *Ouid. 2. Fast.* Curis est Sabina hasta vnde Romulus Quirinus *Sext. Pomp. Plutar. in Romul.*

[e] *Matronæ* Iunonis Curitis in tutela sunt, quæ ita appellatur à ferenda hasta quæ lingua Sabinorum Curis dicitur. *Festus. Vide Plutar. quæst. Rom.*

[f] Post hæc Rex Guntrannus data in manus Regis Childeberti hasta ait. hoc est indicium quod tibi omne Regnum meum tradidi: Ex hoc nunc vade & omnes ciuitates meas tanquam proprias sub tui iuris dominatione subiice.

[g] *Dionys. lib. 3. & Iuuenal.* Sceptro quæ surgit eburno.

[h] *Xenoph. lib. 8. Cyrop.*

[a] *Esther cap. 6. & 8. Ioseph. lib. 11. Antiq. Iudaic. cap. 6.*

en estoit le vray appuy ; & tel le portoit Artaxerxes [a], & tous les autres Roys de ceste nation. Et nos Roys qui retiennent beaucoup des coustumes Persiennes, ont aussi pris le sceptre d'or, auec vne fleur de Lys au sommet. Nous apprenons des oracles diuins que le sceptre est vn vray ornement Royal, veu

[b] *Reg. 1.*

que Dieu menaçant Saül [b] de sa Iustice, dit qu'il transportera son sceptre en vne autre famille ; & au contraire benissant la

[c] *Genes. 49. vers. 10.*

lignee de Iuda [c], luy fait promesse pour gage de son amour, qu'elle tiendra tousiours le sceptre, iusques au temps que celuy qui doit venir soit arriué.

L'Anneau.

Le troisiesme ornement est l'Anneau, dont les anciens se

[d] *Vide Aul. Gell. lib. 10. cap. 10. & Macrob. lib. 7. c. 13.*

seruoient pour cacheter (& de tels anneaux parlerons-nous au chapitre suiuant) ou bien pour se parer, & orner, dont nous traitterons en ce lieu. Appion en son histoire d'Egypte [d], dit que les Medecins de ceste nation, ayans connu par les frequentes dissections du corps humain, qu'il y auoit vn petit nerf tendant du doigt de la main gauche le plus prochain du petit, & abboutissant au cœur, iugerent que ce doigt estant allié, & en quelque sorte conioint à la plus noble partie de l'homme, deuoit estre honoré & estimé par dessus les autres : ce qui les con-

[e] *Non signat O-riens aut Ægy-ptus etiam nunc literis contenta solis. Plin. lib. 33. cap. 1.*

uia d'y mettre vn anneau pour marque de sa noblesse, dont il a retenu le nom de doigt annulaire. Or ces anneaux estoient pour le seul ornement, car les Egyptiens [e] ne cachetoient point leurs dépesches ; & pour la mesme bienseance les Cheualiers Romains en porterent d'or, qui leur furent donnés pour en-

[f] *Titus Liuius lib. 3. decad. 3.*

seigne de leur ordre, d'où l'on reconnut leur grande deroute en la bataille de Cannes [f], quand l'on veid trois boisseaux pleins de leurs anneaux, n'estant point permis à d'autres d'en porter.

[g] *Sueton. in vita cap. 32.*

Tellement que Iules Cesar [g] haranguant vn iour deuant ses soldats, & monstrant souuent le doigt annulaire, auec promesse qu'il engageroit iusques à son anneau pour recompenser ceux qui se porteroient à la defense de son honneur & de sa dignité, ils creurent qu'il leur promettoit le droit des anneaux, & qu'il les fairoit Cheualiers. Car ce droit presuppose la qua-

[h] *Idem in Vitell. cap. 12.*

lité de Cheualier, puisque Vitellius [h] le refusant pour vn Asiaticus son affranchy dont il auoit abusé en ses ieunes ans, disoit qu'il ne vouloit point diffamer l'ordre des Cheualiers, par le don qu'il en feroit à vn homme si abiect, & toutesfois par vn excez de legereté d'esprit il luy donna ce mesme iour des

[i] *Isidorus lib. 19. Etymol. annulo aureo liberi vtebantur, libertini argenteo, serui ferreo.*

anneaux d'or, luy octroyant le droit d'en porter. Peu de temps apres cet Empereur, l'vsage des anneaux fut commun à tous les Romains, ceux de libre condition en portans [i] d'or ; les affranchis

chis d'argent, & les serfs de fer : Et en furent si curieux, qu'encor qu'ils y feissent enchasser des pierres tres-precieuses, ils y grauoient des figures si belles, que l'ouurage & l'artifice surpassoit l'estoffe, & leur luxe passa iusques à les diuersifier pour l'Hyuer & pour l'Esté [a].

Ie laisseray au silence tout ce qu'on pourroit dire des riches anneaux de ces Roys anciens, comme de Polycrate [b], de celuy d'Iarchas [c] ou le mouuement des Planetes, leurs cours & leurs aspects estoient ingenieusement rapportés & artificieusement prattiqués, & encor de plusieurs autres, pour monstrer que l'anneau est vn vray ornement Royal, ce que ie veux faire par les exemples suiuans. Le premier est, qu'Alexandre donna en mourant son anneau à Perdiccas [d], ce qui fit croire à ses courtisans qu'il luy laissoit la regence de son Empire. Le second, que la mere de Seleucus luy donnant vn anneau [e], l'asseura qu'il regneroit au lieu où il le perdroit, ce que l'euenement fit paroistre veritable, car il le perdit aupres de l'Euphrate, & il fut Roy de Babylone & de Medie. Le troisiesme [f], que Mabias qui succeda à Othman Roy des Arabes, & Alem Roy de l'Arrabie pierreuse qui auoit espousé Phatime fille de Mahommet, se guerroyans pour le Royaume de Syrie, pendant la bataille qu'ils se donnerent le long du fleuue Euphrate, voyans le grand massacre des deux armees, se resolurent de terminer leur different par l'aduis de deux des plus anciens vieillards qui fussent en leurs troupes : Et de fait osterent leurs anneaux des doigts (qui estoit la marque de Principauté entre les Agareens) & les baillerent à ces vieillards, afin que rendans l'anneau à celuy qu'ils estimeroient auoir meilleur droit sur la Syrie, l'autre luy en permit la possession, de sorte que Mabias receuant son anneau de leurs mains, receut aussi le Royaume de Syrie. Le dernier exemple est puisé dans nostre histoire, où Louys le Gros [g] en presence de tous les Seigneurs François, inuestit son fils du Royaume de France auec son anneau, tellement que ce n'est pas sans raison qu'au sacre de nos Roys on leur fait auecques cela espouser leur Royaume.

De la main de Iustice.

Venons maintenant à la Main de Iustice, & voyons si pour la mesme raison que la Nature a donné la main à l'homme, le Ciel auroit point porté nos Roys à la prendre pour ornement de leur Majesté. Ie sçay qu'vn grand personnage [h] tient que la fin & l'intention de la Nature en faisant les mains à l'homme a esté la seule parole, dont l'vsage luy est particulier & tres-propre ; d'autant que si elle ne luy eust donné des mains pour ap-

E

[a] Ventilat æstiuum digitis sudatibus aurum, Nec sufferre queat maioris pondera gemæ. Iuuenal. Satyr. 1.
[b] Herodotus & plures alij.
[c] Philostrat. in vita Apollon. lib. 3.
[d] Quintus Curtius lib. 10. Iustinus lib. 12.
[e] Appianus lib. de bell. Syr.

[f] ὁ δὲ Ἀλὴμ ϗ ὁ Μαβίας ἠρίσκησαι ἐπὶ τῷ λόγῳ αὐτῶν. ϗ ἐκβάλλοντες ἐκ τῶν χειρῶν τοὺς ἑαυτῶν δακτυλίους δεδώκασι τοῖς δυσὶ γέρουσι, ᾧ ὅπερ ἦν σημαῖον τῆς ἀρχῆς τῶν ἀγαρηνῶν, &c. Constant. Porphyrog. de administr. imp. cap. 21.

[g] Videntibus cunctis tam clericis quàm laicis, Regé exués regnum deposuit, peccando regnum administrasse confessus est, filium suum Ludouicũ Annulo inuestiit. Sugerius Abbas.

[h] Gregor. Nyssenus lib. de opific. mũdi.

prefter fes viandes, il luy euft fallu former la bouche comme aux autres animaux afin de prendre la viande en terre, & cet organe ainfi difpofé euft efté impropre & inhabile à l'expreſſion des paroles, pour lequel defaut empefcher elle luy a donné les mains.   Cefte opinion n'aggree point tant que celle d'Arifto-

a *Arift. de partib. animal. li. 4. c. 10.*

te [a], qui dit que l'homme le plus prudent de tous les animaux, auoit befoin de plufieurs inftrumés afin d'exercer les fonctions de la prudence, & que les mains pouuans fuppleer à cefte mul-

b *Galenus lib. 1. de vfu part.*

titude, furent baillees à l'homme pour f'en feruir. Mais fur tout la raifon du docte Galien [b] peut fatisfaire, difant que la Nature a pourueu l'homme de la main, à caufe que fon efprit eftant doué de la raifon, qui eft comme l'art de tous les arts, il n'euft peu en aucune maniere trauailler ny operer, fans vn outil conuenable & proportionné; c'eft pourquoy la main luy fut donnee comme l'inftrument des inftrumens, applicable à toutes fortes d'ouurages, & le plus general de tous ceux qu'elle a formés. Il en eft de mefme au fujet dont nous parlons maintenant, car nos Roys de France eftans ceux de tous les Monarques Chreftiens dont l'Empire eft le plus ancien, la reputation

c *Plutarch. in vita & in Apopht.*

plus glorieufe, les armes plus redoutees, les victoires plus remarquables, & les conqueftes plus largement eftenduës; Dieu

d *Plutarch. de fraterno amore.*
e *Xenoph. lib. 1.*
f *Vide Melampoda Hierogrammateum. περὶ παλμῶ μαντικῆ.*
g Vt ad illud Scripturæ Manus mea auxiliabitur ei. *Hieron.* dicútur illi manus Dei, qui Iuftam vindictam exercent in peccatores.
h Dextram Numa Pompilius Fidei confecrauit, dextra fe antiqui venerabátur, per Dexteram iurabant tanquam Fidei fedem, & Virtutis miniftram. *Liuius, Ita Homer. Iliad. α. Euripid. in Medea. Cicero pro Deiotaro. Plin. lib. 11. cap. 45. hift. natur.*

qui a toufiours eu vn foin particulier de leur conduite, a empreint dans leur ame l'amour de la plus belle des vertus, qui eft la Iuftice : la plus belle dis-ie, & la plus vniuer felle, puis qu'elle & la Valeur eftans les deux vertus les plus fouhaittables pour entretenir la fociété des hommes, neantmoins ainfi que difoit Agefilaus [c] nous n'aurions que faire de la Valeur, fi tout le Monde cheriffoit & embraffoit la Iuftice. Or d'autant qu'entre toutes les parties du corps, la main eft fi recommandable, qu'Anaxagore [d] eftimoit l'homme le plus fage des animaux à caufe qu'il auoit cefte main ; que Socrate dit dans les Memoires de Xenophon [e] que les mains nous dreffent & appareillent la pluſpart de ce dont nous furpaffons en felicité les autres creatures ; & que les anciens l'ont mife en la fauuegarde de tant de diuinités [f], confacrans le poulce à Venus, l'indice à Mars, le doigt du milieu à Saturne, l'annulaire au Soleil, & l'auriculaire à Mercure : nos Roys l'ont prife pour marque de cefte vertu de Iuftice (veu mefmes que Sainct Hierofme [g] interpretant ce que les faincts efcrits entendent par les mains de Dieu, dit que ce font ceux qui adminiftrent la Iuftice & exercent la vengeance fur les pecheurs) & l'ont prife droitte, parce que Numa Pompilius la dédia à la Foy, & que les anciens [h] iuroient par elle, d'autant qu'elle eft miniftre de la Vertu. Du Tillet ne fait point porter cefte main à nos Roys deuant Louys Hutin, & elle ne fe void point en leurs fceaux que depuis Charles V, toutesfois il y a long

temps qu'ils l'ont entre leurs ornemens, puisqu'au couronnement de Louys le Gros il est parlé du Sceptre & de la verge [a],
comme de deux ornemens Royaux, & ceste verge ne peut estre
que celle où est la Main de Iustice. Ie tairay icy que L'Empereur
Charles V. voyant au thresor de Sainct Denys la Main de Iustice, qu'on luy asseuroit estre d'vne piece de Licorne, dit qu'on
ne l'eust peu faire d'vne matiere plus conforme à la Iustice, qui
doit estre pure & sans venin. Ie ne diray non plus que ceste Main
est vn ornement Royal, veu qu'on iugea que Vespasian [b] seroit
Empereur, parce qu'vn chien apporta vne main d'homme sous
la table où il disnoit. Mais ie ne puis obmettre que ce n'est pas
sans raison, que la Main tenue par nos Roys en leur lict de Iustice, & qui est en la garde du grand Chambellan, a esté faite d'I-
uoire ; d'autant que Marc Antonin [c] auant que d'estre designé
Cesar, songea qu'il auoit les espaules & les mains d'Iuoire.

Du Manteau Royal.

Il reste à parler du Manteau Royal, que tous les Roys estran-
gers ont aussi porté, mais toutesfois de diuerses façons. Les Perses le portoient de pourpre broché d'or & orné de plusieurs figures d'oiseaux, comme celuy de Xerxes [d], où il y auoit deux
Esparuiers qui sembloient de bec & d'ongles fondre l'vn sur
l'autre. Les Romains auoient leur robe de mesme couleur, qui
fut donnee par les Etruriens à Tarquinius Priscus [e], outre les
autres ornemens Royaux, pour faire paix auec luy, ce qui le fait
estimer [f] de plusieurs auoir entre les Romains porté le premier
& triomphé auec ornemens Royaux. Marc Varron [g] dit auoir
veu au temple de Fortune, le Manteau Royal cameloté & ondé
que Tanaquil auoit fait au Roy Seruius Tullius ; mais il n'y a
aucun de ces Manteaux qui puisse egaler en beauté celuy que
portent nos Roys. Car quel obiet visible pourroit causer à nos
yeux plus de plaisir, que le front du Ciel serein & sans tache d'aucun nuage, parsemé de la viue splendeur des estoilles ? Tel est le
Manteau de nos Roys fait de velours bleu celeste, enrichy de
fleurs de Lys d'or, dont l'éclat brillant, releué sur la mousse &
tranquille couleur de son fonds, fait voir (ce que Pisides dit
des perles [h]) que ce sont autant d'yeux rayonneux de ce
Manteau. Sa fourrure est d'Hermines, qui sont peaux des sou-
ris du Pont-Euxin [i], tellement blanches, qu'elles semble-
roient pelottes de nége, si le petit bout de leur queuë n'estoit
noir. Il y a long temps que le Manteau est en vsage parmy nos
Roys, car nous lisons [k] qu'entre les marques auec lesquelles
Charlemaigne inuestit Louys le Debonnaire du Royaume, il
luy donna ce vestement Royal, & si ie n'affectois icy la mesme
brieueté que i'ay gardee aux autres ornemens, qui m'a empesché

---

[a] Nec non & Sceptrũ & Virgam, & per hæc Ecclesiarum & pauperum defensionem, & quæcunque regni insignia approbante clero & populo deuotissime contradidit. *Aimoinus lib. 5 cap. 49.*

[b] *Sueton. & Dion Nicæus.*

[c] *Xiphilin. in vita*

[d] Pallam auro distinctam aurei accipitres, velut rostris inter se corruerent adornabant. *Quint. Curt.*

[e] *Dionys. Halicar. lib. 3. Florus lib. 1. & Strabo lib. 5.*

[f] *Plin. lib. 34. c. 3. ex Verrio Flacco.*

[g] *Apud plin. lib.* 8. cap. 48.

[h] ὀφθαλμὸς ἰαθμάτων *gemmas vocat. lib. de vanit. vita.*

[i] *Aero ad illud Horatij,* Prætextam & latum clauum. Vsum eius retinét hodie Principes, inijcientes vesti à ceruice ad pectus indumentum ex purpura, vel pellibus preciosis muris Pontici, vel aliis, dum Regio habitu prodeunt in publicum.

[k] Ludouicum filiũ de Regno per Spatam S. Petri inuestiuit & per Regium Vestimentum. *Aim. lib. 5. cap. 39.*

de dire tout ce que i'euſſes peu ſur ce ſuiet, ie déployerois beaucoup d'autres choſes ſur ce Manteau Royal.

Que le grand Chambellan eſt garde du ſeel de
ſecret du Roy.

Chap.   XI.

C E n'eſt point ſans raiſon ny ſans exemple, que le «
grand Chambellan ayant eſté comme nous auons «
dit cy-deuant Treſorier du Roy, a auſſi touſiours «
gardé iuſques à preſent ſon ſeel de ſecret, veu que «
ce Preſident [a] que les Atheniens eliſoient du corps des Areopa- «
gites, afin d'auoir l'intendance des finances & threſors de la Re- «
publique, auoit auſſi la clef du cachet public. De toute ancien- «
neté les ſeaux ou cachets ont eſté appoſés aux depeſches d'im-
portance, pour marque de la foy qu'on deſiroit y eſtre apportec,
& pour ceſte cauſe Criſpinus [b] voyant Marcel ſon Collegue
mort &entre les mains d'Annibal ſon ennemy, máda à toutes les
villes de l'obeiſſance des Romains, qu'elles ne preſtaſſent aucune
creance aux lettres que l'on verroit cachetees de l'anneau de
Marcel, parce qu'Annibal vainqueur s'eſtoit rendu maiſtre de ſa
perſonne, & par meſme moyen de ſon anneau. L'Empereur Heraclius [c] fit vne ruſe en ſemblable cas, dont l'euenement luy fut
grandement fauorable, lors qu'il ſurprit les lettres que Coſroes
Roy de Perſe eſcriuoit au general de ſon armee, par leſquelles
il luy commandoit de venir ioindre ſes forces, afin de reſiſter à
l'Empereur qui le venoit combattre : car Heraclius eſcriuit tout
le contraire, & ferma ſes lettres du meſme cachet, ſi bien que
l'autre y adiouſtant foy laiſſa vaincre ſon maiſtre ſans luy donner aucun ſecours, tant eut de force enuers luy ce cachet qu'il
cognoiſſoit. Peut eſtre ourdit-il ceſte fineſſe à l'exemple de celle
de Mentor [d] capitaine du Roy de Perſe Artaxerxes ſurnommé
Ochus, qui s'eſtant cauteleuſement & ſous pretexte de pourpar-
ler ſaiſi d'Hermias Tyran des Artaniens, prit ſon cachet, & en
ſon nom eſcriuit par toutes les places fortes qu'il eſtoit entré en
graces auec Artaxerxes par l'entremiſe de Mentor, dont ſesgens
qui apprehendoient le mauuais euenement de ceſte guerre
eſtans bien aiſes, rendirent leurs places ſous l'aſſeurance de ces
fauſſes lettres. Mais pour reprendre nos cachets il n'y auoit
grand Seigneur à Rome qui n'euſt le ſien, où quelques vns faiſoient grauer l'image de leurs anceſtres, comme le fils d'Africa-
nus [e] celle de ſon pere, & Lentulus [f] de ſon ayeul, les autres
quelques actions dont ils auoient acquis vne ſignalee reputa-

[a] Ἐπιστάτης dicitur à Suida.

[b] Titus Liuius lib. 27.

[c] Nicephorus Patriarcha Conſtantinop. in hiſt.

[d] Diodor. Sicul. lib. 16. cap. 15.

[e] Valer. Max. lib. 3. cap. 5.

[f] Cicero Catilin. 3.

tion, comme Sylla Dictateur la prise de Iugurtha [a]; ou bien quelque chose à plaisir, ainsi que Mecenas [b] qui cachetoit de la figure d'vne grenouille, & Pline [c] le Ieune de la representation d'vn char attellé de quatre cheuaux de rang. Les douze Cesars portoient en leur cachet la teste d'Auguste dont il fut mesme l'autheur [d]: Car ayant au commencement de son regne vn Sphinx en son seau ; ceux à qui il escriuoit faisans vn gentil rencontre touchant l'empreinte de ses lettres, disoient qu'ils receuoient des Enigmes [e], ce qui le fit cacheter de la teste d'Alexandre, & en fin de la sienne qu'il fit grauer par le sculpteur Dioscoride, que ses successeurs à l'Empire prindrent pour cachet ; excepté Galba [f] qui vsoit de celuy de ses ancestres, marqué d'vn chien penchant la teste hors de la prouë d'vne galere. Mecenas [g] fut celuy qu'Auguste honora de la garde de ce cachet, en quoy il luy témoigna autant d'affection qu'Assuerus fit à Mardochee [h], luy baillant son anneau de cachet qu'il auoit osté à Aman. Nos Roys ont eu des Anneaux, Seaux, ou cachets, dés le commencement de la Monarchie, que leur Referendaire auiourd'huy Chancellier gardoit, comme Syggon [i] & apres luy Marc [k], celuy de Chilperic ; Flauius [l] & Licerius [m], de Gontran d'Orleans ; Charimer [n] & Othon [o], du Roy Childebert d'Austrasie ; & plusieurs autres que ie laisse par brieueté, qui ont tous signé & scellé les lettres de Iustice, graces, collations de „ benefices, lettres concernans les finances, Chartres, Edicts & „ autres prouisions du grand seau : mais outre ce grand seau ils „ ont eu encores vn cachet de secret, qui a esté de tout temps en- „ tre les mains du grand Chambellan. De ce cachet ou plustost „ seel de secret (car comme il n'y a Seigneur en France à qui il „ deust estre loisible de dire nostre seel, ains seulement le cachet „ de nos armes, aussi en parlant du Roy l'on deuroit tousiours re- „ tenir le nom de seel) sont seellees les lettres de prieres, lettres „ d'estat, passeports, saufconduits, suspensions d'armes, mande- „ mens de venir, & les lettres des officiers de la maison du Roy. Et „ quand par Ordonnance du Roy Philippes le Long [p] de l'annee „ 1316, il est porté que le grand Chambellan ne pourra seeller ny „ signer aucunes lettres de benefice, ny de Iustice, sous lequel mot „ sont comprises toutes prouisions d'offices ; cela pourtant ne s'en- „ tend point des officiers de la maison du Roy. Aussi telles lettres „ ne sont pas appellees prouisions, ains lettres de retenuë, qui ont „ tousiours esté donnees pour loyer des bons seruices, sans que „ l'argent y ait peu seruir de planche ; & pareillement retractees „ lors qu'on a reconnu le desseruice & manquement du deuoir ; & „ il est necessaire, comme nous auons dit, que ces lettres soient si- „ gnees & seellees du seel de secret par le grand Chambellan.

---

[a] *Plutar. in Sylla.*
[b] *Plin. lib. 37. cap. 1. hist.*
[c] Signata est anulo meo cuius est ἀποσφράγισμα quadriga. *Plin. iunior lib. 1. ep. 16.*
[d] In diplomatibus, libellisque & epistolis signandis initio Sphinge vsus est ; mox imagine magni Alexádri, nouissime sua Dioscoridis manu sculpta, qua signare infecuti quoque Principes perseuerauerunt. *Sueton. in Augusto.*
[e] *Plin. lib. 37. cap. 1. hist. nat.*
[f] *Dion. Cass. Xiphilini in Augusto.*
[g] Imprimat his cura Mecenas signa tabellis. *Horat. lib. 2. Serm. Saty. 6.*
[h] *Esther cap. 8. & Iosephus lib. 11. antiq. cap. 6.*
[i] *Greg. Turon. lib. 5. cap. 3.*
[k] *Idem, lib. 5. cap. 28. & 34.*
[l] *Idem lib. 5. c. 45.*
[m] *Lib. 8. cap. 39.*
[n] *Lib. 9. cap. 23.*
[o] *Lib. 10. cap. 19.*
[p] *Du Tillet chap. du grand Chambellan.*

Les estalons des poids & mesures de France sont gardés
par le grand Chambellan.

CHAP. XII.

[a] Μηδέπω νομισμάτων ὑπαρχόντων, σταθμῷ ἐδάνειξον οἱ ἀρχαῖοι χρυσίον ἢ ἀργύριον, ἢ τὰ παραπλήσια. *Homeri Schol. Iliad. 1.*

[b] Æs pensantes expendebant non numerabant. *Festus & Isidorus orig. li. 10.*

[c] Multa quoque pondera auri & argenti se sibi dare spopondit. *Fragmēt. de Pipino in corpore histor. Franc. & historici passim.*

[d] Per trutinam solui solitum, vestigium etiam nunc manet in æde Saturni, quod ea etiam nunc propter pensuram trutinam habet positam. *Varro. lib. 4. de ling. Latina.*

[e] *Lib. 10. cap. 21.*

Pausan. in Phocaic. item in legibus Baioariorum, Si equus est quē Mark dicimus. *&c.*

[g] εἰσὶ δὲ οἱ Γαείσοι, νῆσοι ἔχοντες ἐν ᾧ ποταμῷ, δὲ πόλιν Λευκοτικίαν. *Strabo lib. 4. Geograph. & Ptolem.* πόλις Γαείσιων Λευκοτικία.

[h] *Iuo Carnotensis in Chronico.*

'ON ne doit point attribuer l'inuention & l'vsage de conter l'argent par ses especes de monnoye à nos anciens, veu que le seul poids donnoit la reigle aux cótables, tant chez les Grecs [a] & Romains [b] que chez les vieux Gaulois [c]. Aussi comme il y auoit dans le temple de Saturne où estoit le thresor public vne balance [d] suspenduë " pour y peser ce que l'on y serroit : de mesme le grand Chambel- " lan auoit en France l'archetype, le modelle, & l'estalon de tous " les poids du Royaume, parce qu'il estoit le Thresorier du Roy. " Pour ce qui concerne les poids, chaque nation en a eu vn parti- " culier, & le peuple se regloit & se gouuernoit selon ce poids tant au commerce qu'aux affaires publiques & priuees. Les Hebrieux ont eu leur Sicle, qui est passé par apres en espece de monnoye, dont il se void encor des pieces où il y a d'vn costé la verge d'Aaron qui fleurit, auec l'inscription Samaritaine ou Hebraïque, Schekel Israel, qui signifie poids d'Israel, & de l'autre vn vase pareil à celuy où l'on conseruoit la manne dans le temple. Les Grecs ont eu leurs Talens pour poids, puisque Vitruue [e] descriuant la machine d'Agetor Bisantin, qui estoit formce en tortuë, dit qu'elle pesoit quatre mille Talens, & qu'il falloit cent hommes pour la conduire ; mais ie me m'arresteray point sur la pesanteur du grand & petit Talent, non plus que sur les Asses & liures des Romains, pour venir au poids de nos François. Ils en auoient donc vn appellé Mark, qui veut dire Cheual en vieux Gaulois [f], d'où est venu le nom de Mareschal ou Markscal qui a soin des cheuaux, & d'autant que la forme d'vn cheual estoit empreinte sur ce poids, ils l'ont ainsi appellé. L'on trouue encor des pieces qui ont esté selon que ie puis coniectu-rer des poids de nos anciens, car elles sont espaisses comme les Sicles, où l'on void d'vn costé vn cheual, & de l'autre vne fleur auec l'inscription Grecque de Leucotocia, qui estoit la ville de Paris [g]. Ces pieces sont les plus anciennes marques que i'aye veuës de ceste grande ville, car les medailles de Posthume, celuy qui sous le regne miserable de Valerian & Galien enuahit l'Em-pire des Gaules [h] sont posterieures, ayans au reuers vne prouë ou pile de nauire, auec l'inscription Leutecia. Et ie croy que dés ce temps-là c'estoient les enseignes de la ville de Paris, qui ont esté prises depuis pour ses armes, & mesmes qu'estans frapfees en ces monnoyes où estoit de l'autre costé la teste de l'Empereur, elles ont donné lieu à l'appellation de teste & de pile, ainsi que les enfans Romains [a] disoient en leur jeu de hazard, teste ou nef, à cause qu'aux premieres monnoyes battues par Ianus il y auoit vne teste d'vn costé, & au reuers vne nauire.

Touchant les mesures, elles sont en France comme en tous les autres lieux si differentes & de tant de diuerses grandeurs, que ce seroit chose ennuyeuse d'en discourir. Charlemaigne pour imiter l'ancienne coustume des Achayens & Moreans [b] qui n'auoient qu'vn poids & vne mesure, & particulierement [c] pour obseruer les ordonnances diuines qui disent: Ie hay le poids & le poids, la mesure & la mesure, voulut reduire toutes les diuerses mesures de son Royaume à vne seule: En quoy il eust esté suiui de Philippes le Long [d], & Louys XI [e], si la mort n'eust preuenu & empesché l'effet de ce dessein, que François [f] premier & Henry II [g] poursuiuirent, sans auoir toutesfois esté entretenu, au preiudice notable de la bonne police du Royaume. Les Romains preuoyans ce changement mesurerent leur vaisseau ordinaire, & firent la reduction de sa capacité en vn Cube [h] de quantité connue, qu'ils dedierent à Iupiter, afin que le respect de ce Dieu empeschast de violer ce qui luy estoit donné. L'estalon & principal modelle de l'Empire, pour la mesure des graines ou boissons, estoit donné en garde au Prefect du Pretoire [i]; & celuy des poids au Thresorier des liberalités & dons sacrés; tellement que ceux qui croyoient auoir esté deceus & fraudés en la mesure y pouuoient auoir recours: & il y en auoit de semblables en l'Eglise de chaque ville où ils estoient gardés publiquement, de peur qu'il ne s'y commist quelque tromperie [k] par les particuliers. En France le grand Chambellan les a tousiours gardés, & c'est la cause & le sujet principal sur lequel sa iurisdiction a son appuy & son fondement, ainsi que nous dirons cy-apres. Et comme il y auoit quinze visiteurs des mesures [l] à Athenes, à sçauoir dix au Pyree & cinq en la ville; à Rome & autres villes de l'Empire Romain vn poiseur pour l'or [m], outre ceux que deputoient les Escheuins [n], pour leur faire rapport de tous les delicts touchant les poids & mesures: Semblablement le grand Chambellan auoit vn visiteur de mesures, poids, crochets, balances, & aulnes, qui portoit le iltre de Roy des merciers [o], & recherchoit les abbus commis

---

[a] *Macrob. lib. 1. Saturnal. cap. 7.*

[b] *Polyb. lib. 3.*

[c] Vt aequales mensuras & pondera iusta & aequalia omnes habeant siue in ciuitatibus siue in monasteriis siue ad dandum, siue ad accipiendum sicut in lege Domini praeceptum habemus, item in Salomone dicete, Pondus & pondus, mensuram & mensuram odit anima mea. *in Cap. Car. Mag. lib.1. cap.74.*

[d] *Gaguin. lib. 6. & Nicoles Giles.*

[e] *Philippes de Commines.*

[f] *Par ordonnances de l'an 1540.*

[g] *Par ordonn. de l'an 1557.*

[h] Amphora fit Cubus, quam ne violare liceret Sacrauere Ioui Tarpeio in monte Quirites. *Fannius Palamon.*

[i] Si autem collatores putant se grauari siue in mensuris siue in Ponderibus, habeant licentiam specierum quidem mensuras & pondera à gloriosissimis Praefectis, auri vero & argenti & reliquorum metalloru pondera à gloriosissimo per tempora Comite sacrarum largitionum accipere, & has mensuras & pondera in sanctissima vtriusque ciuitatis Ecclesia seruari. *Nouella 128. cap. 15.*

[k] *Cassiodor. lib. 5. epist. 36. Iulius Capitol. in Maximin. patre.*

[l] *Eos* μετρονόμους *dicit Harpocratio ex Aristotelis sententia.* Ἦσαν ἢ ἀριθμὸν (οἱ μετρονόμοι) μετ-ρησίδικα εἰς μὲν τ Γερασιαν δίκα, τίτη δ' εἰς ἄστυ. *Vide etiam Pollucem lib. 4. cap. 23.*

[m] *Zigostates. de quo Iulianus ad Mamertinum in l. 1. C. de ponderat.*

[n] Italo quod honore supinus, Frangeret heminas Arreti aedilis iniquas. *Pers. Satyr. 1. & Iuuenal. Satyr. 10.*

[o] *Fauchet chap. 11. des dignités.*

au fait des poids & mesures, puis en dressoit sa plainte, & rappor- «
toit son procés verbal en la grande Chambellanie. «

*Des hommages rendus à nos Roys, où le grand Chambellan
faisoit prester le serment de fidelité.*

CHAP. XIII.

NOs anciens François auoient outre l'obseruation des formes prescrittes par leurs loix, en leurs conuentions, accords, & autres actes de leurs resolutions, introduit certaines ceremonies externes, marques singulieres de leur franchise, ne voulans point monstrer aucun signe de leur intention & volonté, qu'ils ne s'obligeassent par quelque témoignage visible, de luy faire sortir son plein & entier effect.

C'est pourquoy lors qu'ils adoptoient quelcun, ils luy touchoient la barbe, comme Alaric deuoit faire à Clouis [a] à leur entreueuë où ce Goth le pensoit traistreusement tuer; ou la rasoient, ainsi que Gregoire Patrice Romain auoit promis à Tason [b]; ou bien coupoient les cheueux [c], ce que Luitprand Roy des Lombards fit à vn de nos Princes François, & ainsi qu'on fait en la tonsure qui est l'adoption spirituelle de l'Eglise: lors qu'ils donnoient la liberté à leurs serfs, c'estoit en presence de quelques vns qu'ils leur bailloient la charte d'ingenuité [d], pour laquelle les villes franches sont dittes chartees, & par corruption de langage chartrees; ou bien auec vne certaine piece de monnoye [e] dont l'affranchy estoit appellé homme de denier [f]: Et quand ils contractoient ensemble & promettoient quelque chose, ils prenoient des buchettes [g] en leur main droitte, puis les jettoient en terre, dont nous conseruons la memoire en nos accords, ou l'on dit stipuler, parce que ces buchettes sont appellees en Latin *Stipulæ*. Mais ie ne trouue aucune de leurs actions conduite auec plus de ceremonies, que celle de l'hommage qu'ils faisoient à leurs Seigneurs, & specialement lors que les Princes & grands Seigneurs le venoient rendre au Roy, où le grand Chambellan assistant leur faisoit prononcer les paroles de submission & de deuoir, comme nous dirons cy-apres. Or combien que tout ce qui dépend de ceste matiere aye

esté

---

[a] Vt & Alaricus (iuxta morem antiquorum) barbam Clodouei tangens adoptiuus ei fieret pater. *Aim. lib. 1. cap. 20.*

[b] Nam promittés Tasoni quod barbam eius præscindens (iuxta morem antiquorum) cum sibi adoptaret in filium. *idem lib. 4. cap. 32.*

[c] Circa hęc tempora Karolus Princeps Francorum, Pipinũ suum filium ad Luitprandum direxit, vt eius iuxta morem capillum susciperet, qui eius cæsariem incidens ei pater; effectus est, multique cum ditatum muneribus regiis, genitori remisit. *Paulus Varnefridus de gestis Longobard. lib. 6.*

[d] Seruos quidem suos & ancillas omnes, prius per chartulam libertate donauit. *Leo Hostien. Episcop.* cap. 11. *Chronic. Cassinens. formula extat apud Marculph. lib. 2. cap. 22. & 33.*

[e] Vir ille per manum illius in nostra præsentia iactante denario secundum legem Salicam dimisit ingenuum. *Marculphus Monachus lib. 1. formul. c. 22.*

[f] *In Capitul. Car. Mag. lib. 6. cap. 207.*

[g] Profitemur omnes stipulas dextris in manibus tenentes easque propriis è manibus eiicientes. *lib. 6. Capitul. Car. Mag. cap. 285. paulo aliter Isidor.* Veteres quando sibi aliquid promittebant stipulam tenentes frangebant, quam iterum iungentes sponsiones agnoscebant.

esté traitté bien au long par vn grand nombre de feudistes, neantmoins comme les Pilotes se contentent de connoistre les quarts de vent par le moyen de la Boussole, & ne s'entremettent point de rechercher leur cause & origine, ainsi ces autheurs ont seulement discouru des redeuances, permutations, alienations, & diuisions des fiefs, sans s'engager à vne exacte recherche du sujet de leur establissement. Tellement que ceste obmission nous portera au discours de l'origine des fiefs, & vasselages, auant que de traitter de la façon des hômages; estant d'ailleurs impossible de les separer, puisque les fiefs tiennent lieu de matiere, & que la recognoissance de l'hômage ressemble à la forme, comme celle qui est la vraye essence du fief ou patronnage [a].

    Il n'y a homme si peu versé en l'histoire, qui ne sçache que les anciens Royaumes & Republiques auoient des peuples qui pour auoir esté vaincus par eux, ou s'estre donnés en protection sauuegarde, ou bien pour auoir desiré leur alliance & confederation, estoient obligez de les suiure en guerre, & au peril de leur vie maintenir leur gloire & leur authorité contre la violence des injustes vsurpateurs. L'obligation de ces peuples a vne grande ressemblance au deuoir que les Vassaux de nos Roys estoient tenus de leur rendre anciennement, mais le fondement n'est pas semblable: car la seule consideration du salut prouoquoit ces nations à se porter vne aide & vn secours mutuel; & les vaincus seulement y estoient obligés iustement, à cause qu'ils tenoient leurs heritages de la faueur des vainqueurs, comme les grands Vassaux de France les possedoient par la liberalité de nos Roys. L'Empereur Alexandre Seuere [b] donna quelques terres des frontieres de l'Empire aux capitaines & soldats des limites, à condition que leurs heritiers n'en pourroient joüir, s'ils ne prenoient les armes pour garder ces frontieres: & Aurelius [c] Probus sçachant que l'Isaurie estoit toute pleine de bandoliers, ne peût inuenter vn meilleur moyen de purger ceste contree des meurtres qui s'y faisoient, qu'en donnant les terres & lieux plus estroits & couuers fauorisans les pilleries aux particuliers qui les habitoient, à la charge d'enuoyer leurs enfans dés le dixhuictiéme an de leur aage, pour estre enroollés en la milice, afin que la discipline militaire leur formast l'habitude de bien viure, & fist ployer à l'obeissance leur inclination naturelle qui tendoit au vol & larcin.

    Quand nos premiers Roys vindrent conquerir les Gaules, ils creurent ne pouuoir conseruer vn si grand pays, sans l'establissement de quelque ordre pour le gouuernement des villes & seigneuries particulieres; ce qui les conuia pour se rendre aussi les capitaines de leurs troupes d'autant plus affectionnés, de leur bailler les terres & places qu'ils gaigneroient, afin de les

a Can. vnico. in fin. per quos fi. inuesti. in vsib. feu.

b Lampridius in vita Alexandr. Seueri, & Blond. lib. 3. Roma triūphantis.
c Flauius Vopiscus in Aurel. Probo cap. 16.

faire participer aux fruits de leurs victoires. Toutesfois la coustume ne permettoit point la possession de ces terres aux heri-
tiers de ceux qui en auoient iouy n'en estans qu'vsufruitiers,
comme les Timariots de Turquie (ainsi nommés du mot Turc
Timaro qui signifie cure ou gouuernement) ausquels le grand
Seigneur donnant leur Timar ou fief pour le seruir en guerre,
restreint le temps de la jouyssance à sa discretion, ne les baillant
pour le plus qu'à vie, & renouuellant le bail de dix en dix ans.
Les Dinastes Persans feudataires du Sophy ne sont pas seulement vsufruitiers comme les Timariots, car ils ont leurs fiefs &
seigneuries hereditaires ainsi qu'ont à presents nos François:
mais ils ne les auoient anciennement qu'à vie, comme nous
verrons qu'auoient autresfois les grands Vassaux de France. Car
nous apprenons de Xenophon [a] que Pharnabazus gouuerneur des villes Grecques Asiatiques pour le Roy Artaxerxes
donna l'Eolie à Zenis Dardanien en fief à vie : de sorte qu'apres
sa mort, Mania sa femme l'ayant obtenue aux mesmes deuoirs
que son mary auoit rendus à Pharnabazus, la posseda & l'aug-
menta des villes de Larisse, Hamaxiton & Colones qu'elle gai-
gna de viue force. Midias son gendre ennemy de sa gloire
l'ayant estoufee, & fait mourir son petit fils, s'empara de ses richesses & de son gouuernement : Mais comme la punition suit
ordinairement les crimes, Midias fut dépouillé de l'Eolie par
Dercyllidas capitaine Spartiate qui faisoit la guerre à Pharnabazus. Et ce vainqueur ayant demandé de qui Mania auoit esté
Vassale, on luy dit que Pharnabazus estoit son seigneur. Doncques, dit-il, ses moyens appartiennent à Pharnabazus, & par
consequent à nous qui l'auons vaincu ; tellement qu'il se fit in-
continent apporter les thresors de Mania : en quoy nous pou-
uons remarquer en passant le grand deuoir des Vassaux de ce
temps-là enuers leurs Seigneurs. Mais pour retourner en France ceux qui y prenoient ces terres, s'obligeoient de suiure &
seruir le Roy auec certain nombre de gens de guerre : & à cause
de la foy qu'ils promettoient, ces terres furent appellees fiefs,
dont le premier fut Melun [b] que Clouis bailla à Aurelian. A
la verité il y a eu des fiefs hereditaires en France, d'autant que
nos Roys traittoient fauorablement ceux qui se venoient sous-
mettre à leur obeissance, les laissans en possession de leurs
biens, à la charge d'hommage, comme Dagobert fit à
Iudicael [c] Roy de Bretagne, qui luy vint faire hommage &
en humble Vassal ne voulut pas seoir à table auec son Roy :
Et ainsi que Charlemaigne se porta depuis enuers Destilon [d] ou
Tassilon Duc de Bauieres, à qui il laissa son Duché à mesme
condition. D'ailleurs ils auoient certaines terres appellees Fis-
cales (comme leurs seruiteurs Fiscalins) qu'ils donnoient à per-

Marginal notes:

a *Lib. 3. de bellis Græc.*

b Milidunum castrum eidem Aurelio cum totius Ducatu regionis, iure beneficij concessit. *Aim. li. 1. cap. 14.*

c Semper se & Regnú quod regebat Britanniæ subiectú ditioni Dagoberti & Francorum Regibus esse promisit. *Chronic. Fredeg. Scholiast. cap. 78.*

d Destilo Dux Beinueriorum reddidit ei cum baculo ipsam patriam & effectus est Vassus eius &c. *Fragmentum codicis Nazariani ad annum 787.*

petuité, felon qu'il paroift par le traitté fait à Andelo [a] entre les Roys Gontran & Childebert, & la Royne Brunechilde, qui eft la plus rare piece qui nous foit reftee de l'antiquité. Mais c'e-ftoient petits villages tels qu'Ifcy & Palaifeau pres Paris, dont l'vn fut donné à l'Eglife de Sainct Germain des Prés par Chil-debert [b], & l'autre par Pepin, (ce qui fe peut voir en fa fepulture [c]) & font tous deux appellés Fifcaux. Car les grands fiefs du Royaume n'ont point efté hereditaires que depuis Charlemai-gne, l'humeur facile de Louys le Debonnaire leur ayant donné naiffance, les affaires de Charles le Chauue, & la fimplicité de Charles III y ayant apporté quelque progres, & Hue Capet qui auoit befoin de l'aide des Seigneurs, ayant authorifé ces do-nations afin d'affermir fon authorité. Celuy qui eftoit reueftu & inuefty d'vn fief eftoit nommé Vaffal, du vieux mot Thiois Geffel [d] (ces deux lettres G & V ayans efté indifferemment mi-fes en vfage par les anciens Gaulois ou Germains, cóme on void en verpir ou guerpir) qui fignifie vn compagnon qui fert pour quelque prix & recompenfe, comme faifoient les Geffates [e] peu-ples de la Gaule, dont les eftrangers fe feruoient à la guerre.

A uffi promettoient les Vaffaux prenans les fiefs du Roy de de fe demettre des affections qu'ils pourroient auoir pour tous autres Princes; (condition qui eftablit les fiefs des Vaffaux li-ges, & dont l'hommage n'eft deu qu'au Roy [f]) & f'obligeoient de le feruir en toutes occafions de guerre auec vn nombre de gensdarmes, ce qui fit naiftre les fiefs de Haubert, non pas de haut bers ou baron, mais des hauts bers ou grands archiers, (ber-fer ayant fignifié tirer de l'arc, d'où vient berceau ce qui eft fait en arcade) fi mieux nous n'aymons du haubert ou lorique mail-lee des vieux Caualiers François; cóme auffi les fiefs d'Efcuyers [g] legerement armés, peut-eftre, de l'Efcu ou fimple targe, que les Normans firent paffer en Angleterre auec plufieurs autres couftumes. L'obligation des feudataires eftoit encor de porter certaine fomme de deniers au Roy pour les frais de la guerre, ce qui eftoit dit Heriban [h], de Here, fignifiant camp ou exercite, d'où vient Heraut celuy qui va denoncer la guerre: & eftoient auffi tenus à plufieurs autres deuoirs que j'obmets, pour venir à la forme de l'hommage que rendoient les grands Vaffaux.

" Comme donc la reception des hommages liges eft vne des
" plus belles marques de la fouueraineté, auffi l'action en eftoit
" fort celebre, tant pour la prefence du Roy affifté de fon grand
" Chambellan [i] qui eftoit à fon cofté, que pour l'humble fub-
" miffion du Vaffal qui faifoit l'hommage.

Premierement il fe defceignoit, fur quoy il faut remarquer vne ancienne façon de faire des Perfes, à fçauoir que quand l'on

exigi, pro eo quod in exercitu non ambulaffent. *Du Haillan l. 4. des Eftats de France. Du Tillet &c.*

---

[a] Et fi quid de a-gris fifcalibus vel fpeciebus at-que praefidio pro arbitrij fui voluntate face-re aut cuiquam conferre volue-rit, in perpetuo auxiliante do-mino conferue-tur, neq; à quo-cunque vllo vn-quam tempore conuellatur. *Ex Gregor. Turon. li. 9. cap. 10.*

[b] Concedimus fifcum noftrum largitatis noftræ qui vocatur Ifciacus. *Aim. lib. 2. cap. 20.*

[c] Sancte Germa-ne do tibi fifcū Palatioli. *Apud S. Germ. de Pratis.*

[d] *Cuiac. in lib. 1. Gerard. Nigr. de Feud.*

[e] *Polybius lib. 1. & Plutar. in Marcel.*

[f] *Cap. per venera-bilem qui filij fint legiti.*

[g] Scutagiū An-*glis dicitur.*

[h] Vel certū cen-fum domini æ-rario inferant quod Heribānū dicitur, à Ger-manorum anti-qua voce Here, qua fignificatur exercitus, quo fenfu & Heriflit dixerunt. *l. 15. Lang. de exercit. l. 17. de eo qui anteft. defertionem exer-citus. Cuiaci. in lib. 1. Gerard. Nigr. de Feud. Itē Greg. Turon. lib. 5. c. 23.* ChilpericusRex de pauperib. & iunioribus Ec-clefiæ vel Bafili-cæ bannos iuffit

oſtoit la ceinture à quelcun c'eſtoit l'arreſt de ſa mort, ce que Cyrus frere d'Artaxerxes fit faire à Odontas [a] qui l'auoit voulu trahir: Et le dernier Darius [b] voulant monſtrer qu'il condamnoit à la mort Charidemus pour ſes outrageuſes & irreſpectueuſes paroles enuers tous les Perſes, luy prit ſa ceinture; & auſſi toſt il fut conduit au ſupplice. Ainſi le Vaſſal, non point ignominieuſement, mais pour teſmoigner qu'il faiſoit offre de ſa vie à ſon Roy, oſtoit tout premierement ſa ceinture.

Secondement il quittoit ſon eſpee, qui eſtoit vn ſigne de ſeruitude meſmes enuers les Romains; tellement que quand Teridates ſachemina à Rome, ſon frere Vologeſes [c] Roy des Parthes le pria inſtamment de ne mettre bas ſon eſpee, & lors qu'on luy voulut faire quitter en ſaluant Neron, il le refuſa, & l'attacha ſeulement aux clouds du fourreau [d] : & il y a de l'apparence qu'Apollonius de Thyanee [e] gardoit ce reſpect enuers les Dieux, ne leur voulant iamais adreſſer des prieres ny aucuns ſacrifices, qu'il n'euſt fait oſter de deuant luy toutes les eſpees de ceux qui aſſiſtoient à ſes vœux.

Puis ils venoient teſte nuë, comme faiſoit Sylla à Pompee [f] qu'il traittoit en Empereur, & ainſi que les autres Romains honoroient leurs Conſuls [g] & Preteurs: Et oſtoient leur manteau & leurs eſperons en temoignage de toute humilité.

Apres cela ils flechiſſoient le genouil pour baiſer le pied du Roy, ainſi qu'on apprend d'vne cronique, qui dit que Raoul premier Duc de Normandie ne voulant mettre le genouil en terre, le Roy Charles le Simple fut contraint de luy porter le pied à la bouche [h]. Et baiſoient auſſi le genouil, puiſque Hugues le Grand demandant à ſa ſœur Emine femme de Raoul de Bourgongne, lequel elle aimeroit mieux pour Roy ou luy ou ſon mary, elle reſpondit qu'elle ſe diſpoſeroit pluſtoſt à baiſer le genouil [i] de ſon mary, que de ſon frere. Les anciens ont creu qu'il y auoit quelque religion aux genoux [k], les ſupplians y couroient comme aux autels pour obtenir l'effet de leurs deſirs, & Tigranes [l] apres auoir deceint ſon eſpee & mis bas ſon chapeau Royal, alla embraſſer ceux de Pompee, tellement que ceſte couſtume eſt demeuree en France pour teſmoignage de ſubmiſſion.

Mais la plus eſſentielle marque de l'hommage lige eſtoit de ioindre les mains [m] entre les mains de ſon ſeigneur, pour arres d'vne entiere reuerence & obeiſſance, & d'vne fidelité inuiola-

[a] Xenophon lib. 1. Ἀναβάσ.

[b] Diodor. Sicul. lib. 12.

[c] Rex propriis nunciis à Corbulone petierat ne quam imaginem ſeruitij Teridates præferret, neu ferrum traderet. Tacit. lib. 15. Annal.

[d] Ἀλλ᾿ ἥλοις αὐτὸν τῷ κολεῷ προσπήξε. Xiphil. in Nerone.

[e] Philoſtr. in vita lib. 8. cap. 3.

[f] Plutar. in Pomp.

[g] Si Conſulem videro aut Prætorem caput aperiam. Senec. ep. 65.

[h] Fauchet liure 11. chap. 7.

[i] Le Cronicon de S. Aubin.

[k] Genibus quædam religio ineſt obſeruatione gentium, hæc ſupplices attingunt, ad hæc manus tendunt, hæc vt aras adorant. Plin. lib. 11. cap. 45. Apul. Metamorph. lib. 2. & 9. Homer. Iliad. ω. & Eurip. in Iphigen. ἵν᾿ ἔχῃ βωμοὶ καταφυγὴν ἄλλον ἢ τὸ ſὸν γόνυ.

[l] Plutar. & Xiph. in Pompeio.

[m] Taſſilo Dux Baioariorum more Francico, in manus Regis in Vaſſaticum manibus ſuis ſemetipſum commendauit. Pſeudo Aimoinus in Pipino lib. 4. cap. 64. Homagium Regi facientes ſolent recognoſcendo & promittendo fidelitatem cum iuramento ſolenni flexis genibus ponere manus ſuas intra manus domini in ſignum ſummæ ſubiectionis, reuerentiæ, & fidei: V à domino admitti ad oſculum pacis in ſignum ſpecialis confidentiæ & amoris. Molin. tit. 1. des fiefs. §. 3. gloſſ. 3. quod citat ex Specul. tio de feud. §. quoniam. quæſt. 1. in fin. & in verb. porro. num. 66.

ble. C'est pourquoy le Roy Edouard d'Angleterre estant à [a] *Paulus Aemylius lib. 9.* Amiens, & faisant hommage au Roy Philippes [a] de Valois, pour la Duché de Guyenne & autres terres qu'il tenoit en France, en presence des Roys de Nauarre, Maiorque, Boheme, du [b] *Froissard tom. 1. de son histoire.* Duc de Lorraine, & de quatre mille gentilshommes, ne voulut [c] *Molin tit. 1. des fiefs &c. vt supra.* pas mettre ses mains entre les [b] mains du Roy Philippes, & demanda temps pour y aduiser: Et apres auoir pris conseil des siens en Angleterre, il enuoya ses Ambassadeurs pour en son nom mettre les mains entre celles du Roy de France.

Quand le Vassal auoit fait tous ces actes de submission, le Seigneur le recompensoit des gages de son affection luy presentant sa bouche pour le baiser [c] ; & Maistre Guillaume de Lorris [d] en la partie qu'il a faitte du Roman de la Rose, nousa deduit bien au long ceste façon de faire, introduisant l'Amant qui venoit faire hommage à l'Amour, de qui ayant voulu baiser le pied, l'Amour le releua & le baisa à la bouche en tesmoignage de son franc & noble cœur, disant que iamais vilain n'auoit receu vn tel honneur.

,, Toutes ces choses ainsi obseruees, le grand Chambellan auoit
,, l'authorité de dire par escrit ou de bouche ce à quoy le Vassal
,, estoit tenu enuers le Roy, & le Vassal promettant de le garder
,, fidellement; le grand Chambellan parlant pour le Roy le rece-
,, uoit à foy & hommage, ce que le Roy aduouoit. Comme en
,, l'hommage du Roy d'Angleterre, le grand Chambellan luy
,, adressant ces paroles [e], Vous deuenez homme lige au Roy Mon-
,, seigneur qui cy est, comme Duc de Guyenne, & Pair de France,
,, & luy promettrez foy & loyauté porter, dittes voire ; le Roy
,, d'Angleterre Duc de Guyenne respondoit voire, & le Roy le re-
,, ceuoit à l'hommage lige.

[d] A ce mot voulz
baisier son pié
Mais il m'a par-
my la main pris
Et me dit ie t'ai-
m' moult &
pris'
Quant tu as re-
spondu ainsi
D'omme vilain
mal enseigné
Et si y as tant
gaigné
Que ie vueil
pour ton auan-
tage
Que tu me faces
tost hommage
Si me baiseras
en la bouche
Où onques nul
vilain n'arouche
Ie n'y laisse mie
atouchier
Chacun vilain
chacū bouchier
Ains doit estre
courtois & frans
Que ie ainsi à
homme prens.
[e] *Le mesme Froiss. au mesme lieu.*

Exemples de quelques grands Chambellans qui ont fait rendre les hommages : Et quel est le droit de Chambellage.

CHAP. XIV.

,, O R il me semble à propos de rapporter icy quelques
,, grands Chambellans qui ont assisté aux hommages,
,, dont les noms sont aux lettres pour ce suiet decer- [f] *Chambre des Comptes layette.*
,, nees, ainsi qu'il se peut verifier par les registres de la
,, Chambre des Comptes. Le Vicomte de Melun [f] grand Cham- Anglia.
,, bellan fit faire l'hommage du Duché de Guyenne, par le Roy
,, Edouard d'Angleterre, au Roy Philippes de Valois, en la ville
,, d'Amiens le sixiesme de Iuin mil trois cens vingt-neuf. Iean de [g] *Coffre cotté* Bri-
,, Melun [g] Comte de Tancaruille grand Chambellan de Charles tannia 284.

le Sage eſtoit en l'hommage de pierre de Montfort Duc de Bre- «
tagne, pour ſon Duché, le vingt-cinquieſme de Decembre mil «
trois cens ſoixante ſept. Paſquier dit en ſes Recherches ᵃ qu'vn «
des plus ſolennels hommages rendus en France, fut celuy de «
François Duc de Bretagne au Roy Charles VII, en la ville de «
Chinon, le quatorzieſme de Mars mil quatre cens quaráte cinq, «
où le Seigneur de Varennes grand Chambellan ayant fait ap- «
procher le Duc luy dit: Monſieur de Bretagne, vous faittes la «
foy & hommage lige au Roy voſtre ſouuerain Seigneur cy-pre- «
ſent, de voſtre Duché de Bretagne, ſes appartenances & depen- «
dances, & luy promettez foy & loyauté, & le ſeruir enuers & «
contre tous ſans aucun excepter. A quoy le Duc reſpondit ad- «
dreſſant ſa parole au Roy: Monſieur ie vous fais la foy & hom- «
mage telle que mes predeceſſeurs Ducs de Bretagne ont couſtu- «
me de faire à vos predeceſſeurs. Pierre de Bretagne qui luy ſuc- «
ceda fit hommage au meſme Roy à Montbaſon, le troiſieſme de «
Nouembre mil quatre cents cinquante, Iean Comte de Dunois «
& de Longueuille eſtant grand Chambellan. Ce Comte eſtant «
au coſté du Roy dit au Duc ᵇ, Monſeigneur de Bretagne vous «
faittes hommage lige de la Duché de Bretagne, & de la Pairrie «
de France, au Roy noſtre ſouuerain & lige Seigneur qui cy eſt, «
& iurez par la foy & ſerment de voſtre corps, de luy ſeruir & «
obeïr comme à voſtre ſouuerain & lige Seigneur, contre toutes «
perſonnes qui peuuent viure & mourir, ſans aucun excepter, & «
il vous y reçoit ſauf ſon droit & l'autruy, & vous en baiſe la bou- «
che. Tout ce que deſſus tenu pour conſtant, il faut remarquer «
que les Vaſſaux preſentés au Roy par le grand Chambellan luy «
faiſoient preſent de quelque ſomme d'argent, ce qui fut appellé «
droit de Chambellage, reiglé ſelon la valeur des fiefs par ordon- «
nance de Philippes III, donnee le Mercredy apres la decollation «
de Sainct Iean l'an mil deux cents ſeptante deux, par laquelle le «
grand Chambellan auoit droit de prendre de tous Vaſſaux re- «
leuans nuement du Roy, vingt ſols Pariſis pour vn fief de cin- «
quante liures de rente & au deſſous; cinquante ſols pour vn fief «
de cent liures de reuenu & au deſſous; & cent ſols pour celuy «
qui valoit cinq cens liures & au deſſous. Les Eueſques, Abbés, & «
Abbeſſes eſtoient obligés au meſme deuoir à cauſe de leur fiefs, «
& à leur aduenement à ces dignités payoient dix liures pariſis au «
grand Chambellan, dont il y a arreſt formel contre l'Abbé de «
Bonneual ᶜ en faueur dudit grand Chambellan, donné l'an mil «
deux cens ſeptante ſix, au Parlement de Pentecoſte, & pluſieurs «
autres pour le meſme ſujet. Il reſte encor vne marque de ce «
droict en quelques prouinces de ce Royaume, & l'on apprend «
des couſtumes de Mante & de Senlis, que le Chambellage eſt
vne ſomme payable par le Vaſſal au Seigneur feodal muta-

ᵃ Liure 4. chap. dernier.

ᵇ En la forme du ſerment rapporté dans du Tillet au recueil des rangs des Grands de France.

ᶜ Paſquier li. 4. ch. dernier en l'extrait du Regiſtre de S. Iuſt Maiſtre des Comptes.

ᵈ Du Tillet au recueil des Roys de France.

,, tion aduenant, vn escu à sçauoir selon celle de Mante, & vingt
,, sols suiuant celle de Senlis. Ce droit se paye ailleurs diuersement
,, & selon la grandeur des fiefs, côme nous voyons que par la cou-
,, stume de Boullenoys les Baronnies doiuent pour le Chambella-
,, ge, le dixiéme denier du relief ; & les Pairries & Chastellenies en
,, payent le tiers, le tout parisis. C'est sans doute à cause de ce droit,
,, que l'office du grand Chambellan a esté autresfois vn fief à vie,
,, quoy que pretendu hereditaire par quelques vns qui l'auoient
,, conserué en leur maison, & de ce nous fait foy vn vieux Roman
,, [a] où Charlemagne parlant de cet Estat, promet donner vn fief
,, qui verra sur toute sa Noblesse, à sçauoir l'Estat de Chambellan,
,, & qu'il ne viendra aucun pour obtenir terre & seigneurie, & en
,, faire hommage, de qui ce Chambellan n'ait le manteau ; droit
,, que ie croy leur auoir appartenu auant qu'on leur baillast de
,, l'argent, veu qu'il appert par le tiltre du Chambellan hereditaire
,, de Tonnay Charente [b], que tout Vassal qui venoit faire hom-
,, mage luy deuoit son manteau. Alphonce Comte d'Eu [c] fit
,, hommage de cet office au Roy Sainct Louys l'an mil deux cens
,, septante, & en Escosse cet Estat est aussi tenu en fief à vie, au
,, contraire de la coustume de l'Empire qui l'a affecté au Marquis
,, de Brandebourg, & en ceste qualité il est feudataire de l'Empe-
,, reur: Sur quoy ie n'obmettray que Basile [d] grand Knez de Mos-
,, couie, qui s'affranchist de l'hommage seruile & indigne que ses
,, predecesseurs faisoient au Precop de Tartatie, se fit appeller
,, grand Chambellan de Dieu, voulant releuer de ceste seule sou-
,, ueraine Majesté, & non d'autre puissance terrienne.

[a] Ie vous donray vn fief voyant tout mon Bar-nez. Chambellan de ma Chambre tousiours mes en serez Ny viendra nus haut hôme qui de mere soit nez Pour terre ne par fief auoir & releuez. Que n'ayez le mantel qu'il aura affeublez. *Voyez Fauchet des dignitez chap. 9.*

[b] *Du Tillet au recueil des Roys de France.*

[c] *Au roole de plusieurs ayans fait hommage au Roy S. Louys. Chambre des Comptes coffre cotté* Homagia 286.

[d] *Bodin au liu. 1. de la Repub. ch. 9.*

De la Iurisdiction du grand Chambellan.

CHAP. XV.

 'HOMMAGE que rendoient à nos Roys les cinq grands Officiers de la Couronne qui souscriuoient aux chartes, seroit vne preuue valable de la Iurisdi-ction qu'ils ont euë, quand bien nous n'aurions autres temoignages: veu que cessant la Iurisdiction ils ne deuroient aucune foy ny hommage, mais le simple serment en tel cas requis & accoustumé. De ces cinq Officiers, le grand Bouteiller estant supprimé, il n'y a plus que le Chancelier qui ait sa Iurisdi-ction aux Chancelleries de France, auec la nomination des officiers qui y sont ; & le Connestable chef de la Connestablie & Mareschaussee: les grand Chambellan, & grand Maistre, ayans laissé vsurper leurs droits, & attirer en d'autres iurisdictions ce qui estoit de leur propre & naturelle cognoissance. Et ce qui

fait trouuer bien estrange l'vsurpation que l'on en a faitte sur „
le grand Chambellan, est qu'aux autres Monarchies de l'Euro- „
pe il y a plus d'exemples de sa Iurisdiction, que de celle de tous „
les autres Officiers.   „

[a] l. vlt. vbi cauf.
fifc. vide Cuiac. in
tit. de I-rapo. facr.
Cubic.

    Par ordonnance de Theodose le Ieune, & de Valentinian [a], „
le Preposé de la Chambre sacree des Empereurs, connoissoit des „
differens tant en matieres ciuiles que criminelles, regardans les „
receueurs, metayers, habitans & seruiteurs des heritages affe- „
ctés pour l'entretenement de la Chambre, & il falloit que les ga- „
ges, droits & prerogatiues des Silentiaires ou Huissiers de la „

[b] l. penult. & vlt.
C. de silent.

Chambre [b] & cabinet fussent reconnus en sa Iurisdiction.   „

    C'estoit vne coustume ancienne des Papes d'assembler en „
certains iours dedans leur Chambre six Prelats domestiques, „
pour y tenir vne audience & y traitter plusieurs choses tou- „
chant leur estat temporel; mais comme les affaires vindrent à se „
multiplier, ils s'exempterent de ce soin le donnans à leur Ca- „
merlingo ou grand Chambellan, qui a son iuge appellé l'Audi- „

[c] Chassan. 4. parte
Catalog. glor. mūd.
Confid. 14. Vide
multa apud Octa-
uianum Vestrium
lib. 2. practica. cap.
1. & 2.

teur de la Chambre [c]. Deuant luy se vuident toutes les causes „
concernantes la recepte publique, & à cause de ceste Iurisdi- „
ction le grand Chambellan precede dans la Chambre tous les „
autres Cardinaux, prenant ailleurs seance selon l'ordre de sa re- „
ption.   „

    Le grand Chambellan du Royaume de Naples connoit de „
mesmes choses, car en sa Iurisdiction se traittent les affaires „
touchant le fisc, les rentes, aides, subsides, & generalement „
tout ce qui est des reuenus du Royaume, ayant (comme ancien- „
nement le grand Chambellan de France) pouuoir sur tous les „
Financiers & Thresoriers de cet Estat, qui rendent compte de- „
uant son Lieutenant.   „

    Il y a en Polongne deux sortes de Magistrats, dont les vns sont „
officiers de tout le Royaume, & les autres des Satrapies, qui sont „
dits officiers terrestres. Or le premier & plus releué d'entre-eux „
est le grand Chambellan, qui a la charge des limites & bornes „
de tout le Royaume, pour lesquelles maintenir il commet, „
quinze officiers appellés Chabellans, (d'autant qu'il les prenoit „
autres fois d'entre les Valets de Chambre, & auiourd'huy les elit „
du corps de la Noblesse) qu'il enuoye aux Satrapies pour iuger „
des bornes controuersees & les designer selon le droit d'vn cha- „
cun; & si bon luy semble il chasse ces officiers & en pouruoit „
d'autres de leurs charges.

    Les Chambellanayes d'Escoce sont aussi les cours du grand „
Chambellan, où il iuge souuerainement des crimes commis „
dans les villes par les bourgeois, que les Aduocats du Roy accu- „
sent deuant luy.

    Or comme la France a surpassé toutes ces Monarchies en „
l'establissement

l'establissement des bonnes loix, la Iurisdiction du grand Chambellan y à esté d'autant plus raisonnablement erigée, qu'il y a
vn parfait concours de sa charge à ceste Iurisdiction. Car puis [a]
qu'il a l'intendance de la Chambre & garderobe du Roy [a], &
doit connoistre de tout ce qui y fait besoin, c'est à iuste titre
qu'il a tousiours iugé des differens naissans pour le fait des mestiers qui se meslent des vestemens, ainsi que sçauent plusieurs
de ce temps, qui y ont respondu comme iusticiables. Mais afin
que ceste raison ne semble suspecte, i'apporteray icy de plusieurs preuues, quelques vnes qui nous ont esté laissées par de
fideles autheurs, & qui se trouuent encor en des titres irrepro-
chables pour leur ancienneté.

   Les droits des grands Chambellansou Chambriers de France furent baillés par la Chambre des Comptes à Philippes de
Bourgongne Comte de Neuers, l'an mil quatre cens dix [b], & [b]
luy fut laissée sa Iurisdiction sur les Frippiers & Pelletiers, auec
pouuoir de vendre & donner lettres de Cordonnier, Bazannier,
& d'autres mestiers à Paris, sur lesquels il auoit droit de prendre quelques taxations selon que rapporte du Tillet [c] : & dau- [c]
tant que tous ces droits furent alors recueillis d'vn ancien registre du Chastellet de Paris, il est à croire que long temps auparauant la Iurisdiction estoit annexée à ceste charge. Et qu'il ne
soit ainsi, dez l'an mil trois cens quatre-vingt le Duc de Bourbon pretendit que la grange aux Merciers pres Sainct Anthoi-
ne des Champs, estoit tenue à censiue de son office, d'autant
que les Merciers suyuans la Cour se retiroient en ce lieu là,
quand nos Roys seiournoient au bois de Vincennes, comme ils
font à Paris en la galerie du Palais, qui en retient le nom de galerie des Merciers. Depuis ce temps-là & en l'an mil quatre cens
septante quatre fut iugé que sa Iurisdiction estoit sur dix-sept
mestiers de Paris, qui n'estoient qu'vn anciennement, à sçauoir
les marchands de draps de soye, merciers, fripiers, pelletiers,
fourreurs, boursiers, gantiers ,cordonniers & autres mestiers
qui se meslent de vestemens : & pour la visitation de leurs mar-
chandises, le grand Chambellan commettoit des Officiers appellés Roys des Merciers, qui auoient aussi pouuoir d'aller chez
tous marchans vendans à poids, mesures, & aulnages, & si le fait
le requeroit les appeller en la grande Chambellanie,dont l'audi-
toire se tenoit à la table de marbre [d]. [d]

   Pour ce qui concerne les Officiers de ceste Iurisdiction, il
appert par vn arrest du dixiesme Mars mil quatre cens cinquante deux sur le mal iugé du Maire iuge du grand Chambellan,
que l'administrateur de ceste Iustice s'appelloit ainsi. Et le Duc
de Bourbon ayant l'an mil trois cens quatre-vingts dix-sept
pretendu que toute Iustice luy appartenoit au lieu Despreux

Marginal notes:

[a] *Fauchet des dignités chap. 11.*

[b] *Chambre des Comptes, registre des Memoriaux, cotté G. feuill. 136.*

[c] *Chap. du Chambrier.*

[d] *Du Haillan liure 4. des Estats de France.*

pres Ianuille en Beauſſe, & l'an mil trois cens quatre-vingt dix-huict au Pont aux moines Chery & Mardy, & que ſes Sergents y auoient de tout temps porté verges, il n'y a point de doute qu'il n'y en euſt en la grande Chambrerie. Comme auſſi des Procureurs, ſelon que témoigne vne lettre expreſſe du Roy Charles V I, expediée le dix-ſeptieſme de Feurier l'an mil trois cens quatre-vingts quatorze, enregiſtrée au threſor des chartres, outre que ceux qui ont veu ceſte Iuriſdiction, aſſeurent qu'elle eſtoit compoſée des meſmes officiers qui ſont aux autres Iuriſdictions Royales.

Or combien que nous ayons monſtré au cinquieſme Chapitre, que l'office du grand Chambellan & Chambrier eſtoit vne charge diuiſée en perſonne & non en pouuoir, neantmoins afin de leuer le ſoupçon qui pourroit naiſtre touchant ceſte Iuriſdiction, ſçauoir auquel des deux elle auroit appartenu; i'ay creu eſtre obligé de faire voir qu'elle ſe rapporte indifferemment à l'vn & à l'autre. Sur la requeſte preſentée à François premier, par Charles Monſieur Duc d'Orleans, à ce qu'il luy pleuſt pouruoir aux droits de la grande Chambrerie, qui ſe perdoient de iour en iour à autre, & ſpeciallement touchant les ſtatuts des Fripiers; lettres patentes luy furent decernées au mois de Iuin mil cinq cens quarante quatre, confirmatiues des arreſts de Parlement des années mil quatre cens ſoixante & quatorze, & mil quatre cens quatre-vingts quinze, & mil cinq cens quatorze, pour faire entretenir les reglemens de ce meſtier. Apres ce Duc il n'y a eu aucun autre grand Chambrier en France, cet office ayant eſté ſupprimé par ſa mort, & neantmoins l'an mil cinq cens ſoixante vn le trentieſme d'Auril, ces lettres furent verifiées en Parlemeut, n'y ayant plus que le grand Chambellan: & le reglement a eſté depuis entretenu, voire meſme les differens qui ſe ſont meuz pour le fait de la friperie, ont touſiours eſté vuidés en la grande Chambellanie. Auſſi les prouiſions de Monſeigneur le Duc de Cheureuſe audit office du treizieſme de Septembre mil ſix cens vingt-vn, portent expreſſement pour en ioüir aux honneurs, authorités droits de Iuriſdiction &c. comme pareillement celles de feu Monſeigneur le Duc de Mayenne, & les lettres patentes de ſurannation ſur icelles en datte dés trentieſme de Iuillet mil cinq cens quatre-vingts dix-neuf, & troiſieſme d'Octobre mil ſix cens dix-ſept. Tellement qu'on ne peut plus douter que ceſte Iuriſdiction n'ait eſté commune, ainſi que la charge de grand Chambellam & Chambrier, & que tous les droits qu'on trouue auoir eſté baillés anciennement au Chambrier, n'appartiennent maintenant au grand Chambellan.

Recueil de quelques prerogatiues appartenantes à la charge de grand Chambellan.

CHAP. XVI.

 " E grand Chambellan a plusieurs prerogatiues en
" l'Estat, dont quelques vnes luy sont communes
" auec les quatre grand Officiers de la Couronne,
" les autres luy appartiennent, & priuatiuement à
" tous.

" Il a tousiours soussigné auec eux aux chartres & lettres de
" consequence, depuis Philippes premier qui l'ordonna ainsi
" pour rendre les actes de sa Iustice plus augustes, & afin de don-
" ner plus de fermeté à ses iugemens.

" Il assiste au iugement des Pairs, & y a voix deliberatiue,
" ce qui fut iugé l'an mil deux cens vingt-quatre regnant Louys
" huittiesme [a], lors que Iean de Nesle appella en la Cour du
" Roy la Comtesse de Flandres, à cause de dény de iustice, où
" la Comtesse comparant, dit qu'elle n'auoit esté suffisamment
" semonce par deux Cheualiers enuoyés de la part du Roy,
" ayant deu estre appellee par les Pairs ; & concluoit à ce qu'elle
" fut renuoyee par deuant ses Pairs qui estoient en Flandre:
" (car les Ducs & Comtes donnoient le titre de Pairs à quel-
" ques vns de leurs Barons) neantmoins ayant esté ordonné
" qu'elle subiroit le iugement de la Cour du Roy, les Pairs
" voulurent empescher que le Chancelier, le grand Chambel-
" lan, le Connestable, & le Bouteiller ne donnassent leur voix:
" au contraire ces Officiers de l'Hostel du Roy maintindrent
" que l'on ne pouuoit enfraindre vne coustume obseruee de
" tout temps, & partant fut dit qu'ils demeureroient en pos-
" session de leur priuilege, & qu'ils pourroient tousiours opiner
" en la cour des Pairs.

" Le Roy Philippe le Bel defend en la chartre donnee à Ci-
" teaux [b], qu'aucun ne prenne viures à Paris au taux du Roy,
" excepté la Royne, ses enfans qui sont en sa mainburnie [c] (c'est
" en sa garde) les grand Chambellan, Connestable, Bouteiller,
" Seneschal & Chancelier de France.

" Il auoit autresfois sa table entretenue chez le Roy, qui ne
" deuoit estre seruie auparauant que l'Huissier ne luy eust de-
" mandé sa volonté ; & autre que luy ny commandoit, sinon en
" son absence le premier Chambellan.

" Outre ces prerogatiues, il a encor jouy de quelques autres
" concedees a sa seule charge, & specialement de l'exemption

[a] *Pasquier liure 4. chap. 9.*

[b] *Fauchet, des dignités chap. 10.*
[c] *Leges Ripuariæ titu. de tabulariis, articul. 14. & 15.*

de payer aucun ſeau, tant en la grande Chancellerie qu'ail- «
leurs, comme il eſt contenu en la declaration de Charles VI «
de l'an mil quatre cens & quatre, en faueur du Duc de Bour- «
bon à cauſe de ſa charge de grand Chambrier, confirmatiue «
de l'ordonnance du meſme Roy touchant les priuileges des «
Chambellans, & de l'exemption du ſeel faitte le dixieſme de «
Ianuier mil trois cens quatre-vingts ſix. «

Il y a grande apparence que ce priuilege ait eſté octroyé «
aux grands Chambellans, d'autant qu'ils gardent le ſeel de «
ſecret du Roy, ſelon que nous auons monſtré ailleurs, veu «
meſmes que pour auoir eu de tout temps l'intendance de la «
garderobe, ils auoient tous les ans des capots ᵇ & manteaux «
aux deſpens du Roy, & les autres Chambellans n'en portoient «
point. Et qui plus eſt, lors que le Roy eſt à la campagne, les «
Mareſchaux des logis doiuent marquer pour le grand Cham- «
bellan la premiere chambre apres celle du Roy, ce qui a eſté «
iugé recentement au voyage de ſa Maieſté en Languedoc, en «
faueur de Monſeigneur le Duc de Cheureuſe; & la raiſon «
eſt, qu'anciennement il couchoit dedans la Chambre du «
Roy.

*De la Banniere de France marque & enſeigne de la
charge de grand Chambellan.*

Chap. XVII.

Pres auoir raporté tout ce que nous auons peu «
trouuer de la charge de grand Chambellan, il ne «
reſte plus que de luy bailler ſa marque, pour ſui- «
ure la couſtume de l'Empire Romain, qui donnoit «
à ceux qu'on auoit pourueus de quelque eſtat les enſeignes «
& ornemens de leur dignité & office ᶜ: ornemens qu'ils auoient «
en telle reuerence, qu'ils n'admettoient point d'aueugles ᵈ en «
aucunes charges, à cauſe que ne les voyans point, ils ne leur «
pouuoient pas rendre l'honneur qui leur eſtoit deu. En l'Em- «
pire d'Orient le grand Chambellan ᵉ portoit vn habillement «
de teſte en broderie, vn manteau de couleur de pourpre, & vne «
tunique d'eſcarlatte brodee d'or, ayant au deuant l'image de «
l'Empereur debout, & au derriere aſſis en ſon throne. Il auoit «
auſſi vn Sceptre de bois, dont le premier cercle eſtoit d'or, & «
les autres d'or & d'argent enlaſſez & entortillez enſemble. Aux «
ceremonies de l'Empire, le Marquis de Brandebourg grand «
Chambellan porte le Sceptre ᶠ: & celuy qui poſſede ceſte «

ᵃ *Du Tillet en l'in-
uentaire pour les
grands Chambel-
lans & Cham-
briers.*

ᵇ *Du Haillan li. 4.
des Eſtats de Frãce.*

ᶜ *Vlpianus in l. 1.
ff. de offic. Proconſ.
Iuſtinianus Nouel.*
24. 25.26.27.
ᵈ *Luminibus
orbatum à po-
ſtulando Prętor
repellit quod
inſignia Magi-
ſtratus videre &
reuereri non
poſſit. Vlpian. in
l. 1. §. Caſum de
poſtulan.*
ᵉ *Sophoratus Curo-
palata de officiis
Palatinis.*
ᶠ *Ex Aurea bulla
Carol. IIII. Impe-
ratoris.*

» charge en noftre Monarchie ayant de tout temps porté la
» banniere de France, ie prendray occafion d'en difcourir vn
» peu comme de l'vn des plus rares ornemens de ce Royau-
» me.

Il eft grandement difficile de dire quelque chofe de certain
touchant l'origine des enfeignes & bannieres de guerre, & eft
vray-femblable que l'on f'en foit feruy dés les premiers combats, afin que le commandement eftant fait à diuerfes troupes de donner en diuers lieux, les foldats d'vne mefme ban-
de fuiuiffent leur enfeigne, & fe retirans de la meflee f'y r'alliaf-
fent aifement.

Ainfi (difent quelques vns) les Hebreux [a] s'en feruoient,
& chaque Tribu auoit la fienne diferente des autres, comme
celle de Ruben, la figure d'vn homme ; celle de Iuda, d'vn
lion, le Tribu d'Ephraim d'vn bœuf ; de Dan, d'vn ferpent ;
& les autres Tribus portoient les marques qui leurs font donnees dans les Sainﬅs Efcrits : Ainfi les Roys de Perfe [b] auoient
pour enfeigne vn Aigle d'or eftendant les aifles, perché deffus vn petit bouclier : les Troïens [c] venans en Italie, auoient
vne truye appellee en Latin Troïa : les Romains pendant la
Monarchie, vne botte de foin [d] attachee au bout d'vne han-
te : Et en l'eftat floriffant de la Republique, ils auoient cinq
enfeignes de diuerfes figures [e], d'vn loup, à fçauoir, d'vn
minotaure, d'vn cheual, d'vn fanglier, & d'vn aigle, dont
les quatre premieres furent mifes hors d'vfage par le Conful
Marius, qui retint le feul Aigle pour les legions.

Or tous ces fignes eftoient en boffe & éleués en façon de
ftatues fur des demy-piques [f], tellement qu'il ne faut pas
croire fans exception ce que dit Ifidore, que dans les autheurs anciens l'enfeigne eft prife pour vn eftendart : car en
ce que l'on treuue qu'aux iours de fefte [g] les Romains oi-
gnoient de precieux onguents leurs enfeignes, il n'y a point
de doute que ce ne fuffent leurs enfeignes en boffe & non
leurs guidons.

Ce n'eft pas que l'vfage des eftendars ne foit bien ancien,
puifque nous voyons que les Romains en ont vfé dés le commencement de leur Republique, les faifans porter en l'arrie-
re-garde deuant les foldats qu'ils appelloient *Triarij* [h] : & que
lors qu'ils changerent leur maniere de combattre, laiffans la
forme des gros bataillons pour diuifer leurs armees en cohortes, & leurs cohortes en centuries, ils donnerent vn drapeau

---

[a] *Vide Munﬅerum ad caput 2. Numerorum.*

[b] *Xenophon lib. 7. Cyrop. & Philoﬅr. in Heroic. de Themiﬅocle.* Μήδοι τῶτε ᾖ Βαβυλῶνιοι, ᾖ τὸ σημαῖον τὸ Βασίλειον, ὁ χρυσοῦς ἐπὶ τῆς πέλτης ἀετός. *vide Q. Curt. lib. 3.*

[c] *Meﬀalla Coruinus lib. de Auguﬅi progenie, ad illud Virgil. 3. Æneid.* Vade age & ingentem faﬅis fer ad æthera Troiam.

[d] illa quidem fœno fed erat reuerentia fœno. *Ouid. Faﬅor. lib. 3.*

[e] *Romanis Legionibus à quilam C. Marius in fecundo Confulatu fuo proprie dicauit ; erat & antea prima cum qua-*
tuor aliis lupis, minotauris, equis, apris, quæ fingulos ordines anteibant. *Plin. lib. 10. cap. 4.* [f] *Dio lib. 40.* [g] Aquilæ certe ac figna puluerulenta illa & cuﬅodiis horrida inunguntur feﬅis diebus. *Plin. lib. 13. cap. 3.* Coronæ inlatæ, Signáque vnﬅa. *Ex antiquo marmore. Lipﬁus ad Polyb. de militia.* [h] Primum vexillum Triarios ducebat, veteranum militem fpeﬅatæ virtutis. *Tit. Liuius lib. 8.*

à chaque centurie [a] (comme ont auiourd'huy les compagnies des Regimens) où estoit escrit son nom, & celuy de sa cohorte, afin que les soldats retournans de la charge s'y peussent retirer. Mais ces estendars ressembloient aux enseignes que l'on porte maintenant aux armees, & non pas à la Banniere de France, dont nous deuons traitter en ce lieu.

Quelques vns tiennent que ce nom de Banniere [b] vient de Ban, qui signifie conuocation & assemblee publique [c], comme si tous les soldats eussent deu s'assembler l'enseigne estant desployee (de là peut venir la proclamation du ban en l'Eglise, qui est l'enroollement entre les mariés de la paroisse) ainsi qu'anciennement à Romme [d] l'on enroolloit les troupes, durant trente iours [e] qu'on tenoit l'estendard planté sur quelque dongeon. Ceste opinion seroit plausible, si ce mot n'auoit point esté connu deuant le ban : mais il a esté en vsage bien long-temps au parauant. Car la premiere marque du ban [f] que l'on trouue en l'histoire est sous Chilperic, qui le fit payer aux pauures tenans des terres de l'Eglise ou seruans en icelle (le mot *Iuniores* dont vse icy Gregoire de Tours, est de condition & non d'aage [g]) pour n'estre allés en l'armee que ce Roy enuoya en Bretaigne : Or dés le temps de Constantin le Grand, les Romains auoient vne enseigne appellee [h] Bandum, que cet Empereur voulut (au temoigne de Photius [i]) estre mise entre les ornemens du Pape Syluestre ; & Procope [k] dit que sous l'Empire de Iustinian, Bellisaire en bailla vn à porter en la bataille contre Gilimer, à Iean Armenien. De là doncques est venu bandiere, changé apres en banniere ; & le mot de bandophore [l], qui estoit le porte-banniere. Ce que nous trouuons de la banniere d'or de Gaiffier Duc d'Aquitaine, prise par Pepin & donnee à l'Eglise de Sainct Martial de Limoges, fait connoistre que les bannieres sont en France deuant l'Oriflambe, mais pour faire voir plus clairement que la Banniere de France n'a point succedé à l'Oriflambe, comme plusieurs croyent, & que l'on s'est seruy de l'vne & de l'autre enseigne en mesme temps, il ne sera hors de propos de rapporter icy l'origine de l'Oriflambe.

Doncques il faut sçauoir qu'apres la subuersion de la Republique, il y a eu de quatre sortes d'enseignes aux exercites des [n] Romains. Les Manipules & la Caualerie auoient les esten-

---

[a] *Singulis centuris singula vexilla constituerunt, ita vt ex qua cohorte, vel quota esset centuria in illo vexillo literis esset adscriptum. Vegetius lib. 2, cap. 23.*

[b] *Fauchet l. des origines chap. des armes.*

[c] *Ideo iubemus vt omnes pagenses vestros tam Francos quàm Romanos Bannire, & locis congruis per ciuitates, vicos & castella congregare faciatis. Marculfus lib. 1. cap. 40.*

[d] *Cùm paratis bella signum ex arce monstratis. Arnob.*

[e] *Iusti dies dicebantur triginta cum exercitus imperatus, & vexillum in arce positum esset Festus.*

[f] *Post hæc Chilpericus Rex, de pauperibus & iunioribus Ecclesiæ vel Basilicæ Bannos iussit exigi, pro eo quod in exercitu non ambu-*

lassent. *Greg. Tur. lib. 5. cap. 27.* [g] *Ita Hincmarus epist. 3.* [h] Βάνδον καλῦσι Ρωμαῖοι τὸ σημαῖον ἐν τῷ πολέμῳ. *Suidas inde Paulus Varnefrid. lib. 1. de gest. Longobard. cap. 10. Tato vero Rodulphi vexillum quod Bandum appellant abstulit.* [i] τὰ βασιλικὰ σκῆπῆεα, κ̀ πάντα τὰ σίγνα κ̀ τὰ Βάνδα. *Phot. in Nomocan. tit. 9. cap. 1.* [k] *De bello Vandal. lib. 2. statim post initium* κ̀ τὸ σημαῖον ὁ δὴ Βάνδον καλῦσι Ρωμαιοί ἀνατὴν ἐπιτρέψας τῷ Αρμενίῳ [l] Βανδόφορος, *Leoni Imperatori libro de bellico apparatu idem ac* signifer. *Idem Calius Rhodig. lib. 15. cap. 17.* [m] *Fauchet l. 6. chap. 6. des Antiquitez.* [n] Nam manipulorum & equitum vexilla, cohortium signa, legionum Aquilæ, totius verò exercitus siue Imperatoris Labarum vocabatur. *Onuphrius Panuinius.*

dars, ceux-cy de bleu, & les autres, rouges. Les cohortes portoient les signes massifs, dont quelques-vns estoient des mains droittes eleuees [a], les autres des balances, telles qu'on void aux monnoyes du ieune Philippe Empereur, d'autres encor des dragons [b] dont la teste estoit d'argent & le demeurant d'vne estoffe bien delice, attachés auec des cordons à des hastes, afin que plus facilement le vent les agitast & fist siffler ainsi qu'vn vray Dragon. L'Aigle estoit l'enseigne de la Legion [c], & les images des Empereurs [d] aussi, à raison dequoy ceux qui les portoient estoient nommés Imagers [e] ou Porte-images, & c'est des signes [f] massifs & de ces effigies qu'il faut entendre l'adoration qui se faisoit au camp, où l'on souloit les eleuer dans des chappelles [g] dressees pour cet effet, afin qu'elles y fussent adorees ; comme nous lisons [h] d'Artabanus Roy des Parthes, qui s'estant fait Roy des Romains vint adorer les Aigles, les signes, & les images des Cesars; images que l'on consacroit auant que de leur rendre ce culte, & alors c'estoit vn crime de leze Majesté de les aller exposer en vente [i]. Mais laissant toutes ces manieres d'enseignes, comme peu rapportantes au sujet que ie traitte, ie viens au Labarum, estendard principal de l'Empereur & de toute l'armee. C'estoit vn drap quarré & frangé par bas, attaché au bout d'vn long-bois ; (ainsi que nous fait foy vne medaille d'Auguste, où la Victoire montee dessus vn globe tient en sa main droitte vne couronne de laurier, & porte de la gauche le Labarum appuyé sur l'espaule) ce qui me fait croire que la forme en fut prise sur les enseignes qui se voyoient dessus la tente Pretorienne, le iour de la bataille, pendant le gouuernement des Consuls. Car pour signal du combat l'on y estendoit vne tunique de pourpre [k], (comme Tamerlanes faisoit en nos derniers siecles vne cotte d'armes) qui estoit chez les Romains vn vestement sans manches [l], ressemblant parfaittement au Labarum [m], attaché à vne corne ou baston trauersant vn long-bois en forme de Croix [o], ainsi que les estendars & bannieres de nostre

[a] *Lipsius ad Seruium in 8. Aeneid.*

[b] Centurionémque Sisennam dextras concordiæ insignia, Syriaci exercitus nomine, ad Prætorianos ferentem. *Cornel. Tacit.*

[c] Alios purpureis Subtegminibus texti circundere Dracones hastarum summitatibus aureis gemmatísque illigati, hiatu vasto perflatiles & ideo velut ira perciti sibilantes, caudarum volumina relinquentes in ventum. *Ammian. Marcel. lib.16.*

[d] *Appianus lib. 4. de bello ciuili & Isidorus lib. 14.cap.3.*

[e] *Modestus de vocabul. rei milit.* Totius legionis insigne sunt imagines Imperatorum, quas tanquam diuina & præsentia

signa, singuli venerantur. *Vide etiam Herodianum lib.* 8. [f] *Veget.lib.1.cap.6.* [g] Religio Romanorum tota castrensis, signa veneratur, signa iurat, signa omnibus Diis præponit. *Tertul. Apolog.* [h] ὅτι δ' ἐγίνετο ἔν τι σπανιωδον, εἰς τὸ τινὰς ἔχειν σημεῖα ἢ ἀγάλματα τῆ σπανιωδον κρεσκωιίτω. *Herodianus lib.* 4: *Dion lib.* 40. *Statius lib.* 10. *Thebaid.* domum verendam signorum vocat. [l] *Suetonius in Caligula cap.14.* [k] Non videtur contra Maiestatem fieri, ob imagines Cæsaris nondum consecratas venditas.*l.5.§.3.ff.ad leg. Iuliam maiest. Vide sis C. Tacit. sub finem lib.* 1. [l] ἐπὶ μάχης σημεῖον ἐξέθηκαν, ἔστι δὲ χιτων κόκκινος ὑπὸ τῆς σρατηγικῆς σκηνῆς διατεινόμενος. *Plutarch. in Fabio.* idem in *Pompeio & Bruto* φοινικοῦν χιτῶνα vocat. *Isidorus lib.* 19.*cap.22.* [m] Talares ac manicatas tunicas habere apud Romanos flagitium erat. *Augustin.lib. 3. de doctr. Christ.* [n] Sine labaro vt vult *Sozomenus lib.* 1.*cap. 4. vnde titulus de præpositis Laborum siue Labororum.* [o] Signa ipsa & cantabra & vexilla castrorum quid aliud quam inauratæ cruces sunt & ornatæ? *Minutius Felix in Octauio.*

[b] Euseb. de vita Constant.max.lib. 1.cap. 22. Socrates lib.1. cap. 2. histor. Ecclesi. Sozomenus lib.1.cap. 3. & 4.

[c] Euseb.lib.1. cap. 25. de vita Const.

[d] Christus pur-pureum gem-manti textus in auro Signabat Laba-rum. Prudent.lib. 1.aduers.Symmac.

[e] Matutinæ lu-cis exordio, si-gno per flam-meum erecto vexillum, &c. Ammian. Mar-cell. lib.20. Vexillationes dicuntur à velo, quia velis hoc est flammulis vtuntur. Veget. lib.2. Flammulæ di-cuntur quia erant flammei hoc est violacei coloris. Festus.

Eglise militante. C'est pourquoy Tertullian [a] comparant le Labarum aux Croix, dit qu'il n'y a point de difference sinon que ceste enseigne auoit vn rideau ou vne estole; (qui estoit vn vestement desPerses) les Payens n'ayans pas voulu consacrer des croix nues & mal polies; voulant dire que le Labarum n'estoit autre chose qu'vne croix reuestue d'vn drapeau. D'où ie recueille que l'Église ne faisoit point en ce temps-là porter les bannieres attachees aux croix, comme on l'a depuis imité sur le Labarum de Constantin le grand. A cet Empereur deuant que combattre Maxence, apparut en l'air le signe de nostre salut fort rayonneux, fait des deux premieres lettres Grecques du nom de Christ inserees l'vne dans l'autre, auec ces paroles *Vaincs en cecy*, qui vaut autant *qu'en ce signe*, ce qui l'incita de le faire mettre en sa cornette, & il ne fut point frustré de l'euenement promis. Les autheurs [b] qui rapportent ce miracle sont de grande authorité, mais les monnoyes battues du temps confirment irreprochablement la verité de ceste histoire: car aux medailles de Maxence qui fut vaincu, l'on void le Labarum marqué d'vn Aigle, mais en celles du grand Constantin & de ses successeurs, il est tousiours marqué des deux premieres lettres Grecques du nom de Christ. Ce Labarum estoit vn voile fin & [c] delié, de couleur de pourpre [d], dont la ressemblance auec la flamme a fait nommer les enseignes de ceste couleur, flammules [e] ou flambantes, & d'autant que le Labarum estoit brodé d'or, il peut de là auoir esté appellé Oriflambe. Depuis Constantin il a tousiours esté porté deuant les Empereurs [f] (sinon du temps de Iulian l'Apostat [g] qui fit marquer ses enseignes des images de Iupiter, de Mercure & de Mars) grandement reueré des soldats & adoré par ceux qui restoient vaincus. Ainsi void-on aux medailles de Valens, le tyran Procope fleschir le genouil deuant cet Oriflambe, Rufin en celles d'Arcadius; & Radagise Roy d'Allemagne qui auoit fait vœu à ses Dieux de leur immoler tous ses ennemis, ayant esté surmonté par Honorius, adora ceste enseigne fatale aux armes payennes, comme il se void aux monnoyes de cet Empereur, que les lettres monstrent auoir esté frappees à Caen [g]. Nos François ont en fin possedé ce precieux ornement de l'Empire depuis le regne de Charlemaigne, comme tiennent quelques-vns & non sans grande raison, y ayant apparence que c'estoit la banniere du Sainct Sepulchre, que l'Euesque de Hierusalem enuoya à cet Empereur [h], auec les clefs de la ville, & plusieurs reliques. Lors que Charles le

[f] Sozomenus hist. Ecclef. lib. 1. cap. 4. [g] In publicis imaginibus depingebat Iouem quasi de cœlo sibi coronam & purpuram deferentem, Mercurium & Martem in se respicientes, velut pro testimonio sapientis & fortis. Paulus Diaconus historia miscella lib. 11. [h] KAD. P. S. Kadomi Pecunia Signata *Sambucus in fine Emblematum*

Chaune

Chauue [a] paſſa la riuiere de Seine deuant Rouen auec ſon armee, pour aller contre Gerard Comte de Paris, qui auoit rom-
pu tous les ponts ; & occupé tous les autres paſſages ; ſes ennemis le voyans, & la Croix ſur laquelle ils auoient fait ſerment,
prindrent la fuite ; laquelle Croix n'eſtoit autre que celle de
l'Oriflambe qu'il faiſoit porter auec luy. L'on ne peut douter
ſans faire tort à pluſieurs anciens & veritables hiſtoriens [b], que
ce n'ayt eſté vne tres-rare piece, & qui a produit de ſi miracu-
leux effets, que quelques-vns ont creu qu'elle auoit eſté en-
uoyee du Ciel [c], ne ſçachans pas ſon origine. Mais ces autheurs
ne ſ'accordent point touchant ſon vſage, quelques-vns diſans
que nos Roys ne ſ'en ſont ſeruis qu'aux guerres contre les In-
fideles, au contraire de celuy qui a eſcrit la vie de Philippes [d]
Auguſte, qui dit que l'Abbé de Sainct Denys la ſouloit porter
au Roy, toutes les fois qu'il prenoit les armes. Il eſt bien croyable que depuis la bataille de Bouuines, on l'a employee en quelques guerres, & peut-eſtre en celles de l'euenement deſquelles
dependoit le bon-heur de la France, mais il y a de l'apparence
que deuant ce Roy, l'on ſ'en ſeruoit ſeulement contre les
Payens. Et de fait, l'on n'euſt point deſployé l'Oriflambe en
la bataille de Roſebeque [e], ſi quelques paſſionnés n'euſſent re-
monſtré que les Flamens eſtoient incredules, ſuiuans le party
de l'Antipape Vrbain. Il ne nous reſte plus rien de ceſte enſeigne, & quelques-vns eſtiment, comme nous auons dit cy-deſ-
ſus, que la Banniere de France a ſuccedé en ſon lieu, en quoy ils
ſ'abuſent grandement, veu qu'aux guerres où l'on ne deue-
loppoit point l'Oriflambe, on ſe ſeruoit de la Banniere, & quand
l'Oriflambe eſtoit à la teſte de l'armee, l'on portoit la Banniere
de France deuant le Roy. Ainſi liſons nous qu'en la iournee de
Bouuines, Philippes Auguſte ayant eſté deſarçonné, & jetté par
terre à coups de lances & crocs de fer tout au plus fort de la
meſlee, quelque petit nombre de Cheualiers combatans là aupres firent des merueilles, & que [f] Gales de Montigny ne faiſoit que tourner çà & là ſon enſeigne Royale, (qui eſtoit la
Banniere de France) afin qu'on le vint ſecourir ; & alors fut
appellee l'Oriflambe que l'on portoit au front de la bataille.

La Banniere de France eſt vne piece quarree, de veloux violet cramoiſy, ſemee de fleurs de Lys d'or, frangee & portee au
bout d'vne lance de couleur de pourpre : & il n'y a point d'ornement au Royaume qui luy ſoit comparable, tant pour l'ancienneté de ſon vſage, que pour ſa richeſſe & beauté. Selim
voulant mettre Battori en poſſeſſion de la Tranſſyluanie luy
enuoya le Sceptre auec l'enſeigne [g], & quelques-vns tiennent
[h] que les Royaumes ſe baillent par l'eſpee, & les Prouinces par

H

Marginal notes:

[a] *Fauchet liure 9. chap. 2. pris de Nitard.*

[b] *Chartre de Saint Denys dattee du Regne du Roy Robert. Sugerius in vita Ludouici groſſi. Guilelmus Brito in Philippide.*

[c] *Froiſſard liure 2. chap. 125.*

[d] Omnibus in bellis habet omnia ſigna præire, Quod Regi præſtare ſolet Dionyſius Abbas. Ad bellum quoties ſumptis proficiſcitur armis. *Guilelmus Brito in vita Philippi Auguſti.*

[e] *Froiſſard liure 2.*

[f] Ante tamen Regem Signum regale tenebat Montiniacenſis vir fortis corpore Galo. *Brito. Les grandes Chroniques de Sainct Denys.*

[g] *Baudier en ſon hiſtoire des Turcs.*

[h] *Otho Friſingen. lib.*

l'enseigne; mais si quelque enseigne peut estre la marque re- "
presentant vne donation de Royaume, il n'y en a point au de- "
meurant de l'Vniuers qui ayt tant d'aduantage pour cet effet "
que la Banniere de France. Aussi est-elle tousiours portee aux "
belles actions & ceremonies Royales par le grand Chambellan, "
officier le plus honorable de la maison du Roy : Et d'autant "
qu'il est seul en possession de cet honneur, il m'estoit impossible "
de passer sous silence vne si belle & si magnifique marque de "
son office.   "

    Or me voyant arriué à la fin de mon discours, & sçachant "
que personne n'ignore que les Ducs de Bourgongne issus de la "
maison de nos Roys, n'ayent tasché autresfois de conformer "
leur Estat & leur Cour à celle de France, i'ay trouué bon pour "
seruir de sommaire & de recapitulation à tout ce que i'ay dit "
cy-dessus, & mesmes pour l'authoriser d'auantage, d'inserer en "
ce lieu ce que dit Messire Oliuier de la Marche touchant le pre- "
mier Chambellan du Duc de Bourgongne, qui auoit pareille "
charge que le grand Chambellan en France. Ayant esté grand "
& premier Maistre d'Hostel de Philippes Duc de Bourgongne, "
à qui il dédia ses Memoires, il n'est point reprochable d'igno- "
rance ou de mensonge; voicy donc en descriuant l'estat de la "
maison du Duc Charles de Bourgongne dit le Hardy, en l'an "
mil quatre cens soixante & quatorze, comment il parle de la "
charge du premier Chambellan, apres auoir dit qu'il estoit le "
premier Officier de la maison dudit Duc, & que le Conseil de "
guerre se tenoit en sa chambre, estant le chef de ceux qui y assi- "
stoient.   "

Le Duc a vn premier Chambellain comme desia il est escrit cy-
dessus, sous lequel sont & respondent tous les Chambellains Cheua-
liers, & peuuent en toutes causes du bureau auoir leur renuoy deuant
ledit Chambellain. Il a la clef de la Chambre du Prince, il a le seau
du secret en garde deuant tous autres, son droit est de porter la ban-
niere en bataille, des fiefs & hommages des Nobles faits au Prince,
il doit prendre le serment, il a la premiere chambre apres le Prince,
& a plat & seruice comme luy-mesmes, & doit estre obey en ses com-
mandemens comme le Lieutenant du Prince.

FIN.

Fautes suruenues.

PAge 3. ligne 6. lisez *il y a* : page 8. ligne 34. au lieu de *& sous*, lisez, *comme sous* : pag. 9. ligne 17. lisez *creï* : pag. 9. ligne 25. lisez *de là seulement que le grand Chambellan se doiue* : pag. 18. lig. 27. lisez *Brannau* : pag. 19. ligne 34. lisez *spectable* : pag. 19. en la marge ligne 18. lisez *gerans* : pag. 20. lig. 34. lisez *neantmoins* : pag. 21. lig. 18. lisez *le Maistre* : ibid. lig. 36. lisez *depuis leur* : pag 21. ligne 20. lisez *Muyence* : pag. 23. lig 40. lisez *Tachmas* : pag. 24. lig. 34. lisez *conseruoient* : pag 25. lig. 4. lisez *la* : en la marge ligne 10. lisez *A deseruit* : pag. 29. lig. 25. lisez *faute en* : pag. 39. lig. 4. lisez *porté* : pag 36. lig. 16. & 33. lisez *Sicle* : pag. 36 au dernier mot lisez *frappees* : pag. 39. lig. 42. lisez *vniuscuiusque* : pag. 41. lig. 15. lisez *protection & sauuegarde* : pag. 42. lig. 11. lisez *à present* : pag. 44. lig. 40. aprés *entiere*, lisez *subiection* : pag. 53. lig. 23. lisez *la*.